火电工程限额设计参考造价指标

（2015 年水平）

电力规划设计总院　编

中国电力出版社
CHINA ELECTRIC POWER PRESS

内 容 提 要

根据我国电力工程技术发展的需要，电力规划设计总院受国家能源局委托在2014年水平限额设计参考造价指标基础上，依据2015年度火电工程初步设计及施工图资料，采用国家能源局2013年8月发布的《火力发电工程建设预算编制与计算标准》（2013年版）、《电力建设工程概算定额》（2013年版）以及2015年设备、材料（北京地区）价格，编制了常规燃煤火力发电厂工程限额设计参考造价指标（2015年水平）及2014～2015年结算性造价指数和300MW等级及180MW等级的燃气—蒸汽联合循环发电机组的参考造价。

本书供以上项目投资、设备招标、设计、管理人员参考使用。

图书在版编目（CIP）数据

火电工程限额设计参考造价指标：2015年水平 / 电力规划设计总院编. —北京：中国电力出版社，2016.4

ISBN 978-7-5123-9140-6

Ⅰ. ①火… Ⅱ. ①电… Ⅲ. ①火力发电-电力工程-预算定额-中国 Ⅳ. ①F426.61

中国版本图书馆CIP数据核字（2016）第064952号

中国电力出版社出版、发行
（北京市东城区北京站西街19号 100005 http://www.cepp.sgcc.com.cn）
汇鑫印务有限公司印刷
各地新华书店经售
*
2016年4月第一版 2016年4月北京第一次印刷
850毫米×1168毫米 32开本 11.125印张 251千字
印数0001—4000册 定价**80.00**元

电力规划设计总院关于印发《火电工程限额设计参考造价指标》（2015年水平）及《电网工程限额设计控制指标》（2015年水平）的通知

电规科技〔2016〕5号

各有关单位:

受国家能源局委托，电力规划设计总院组织编制完成了2015年水平的限额设计指标。根据目前工程造价控制的实际需要，指标按《火电工程限额设计参考造价指标》和《电网工程限额设计控制指标》两册分别出版。

本次编制工作对基本方案作了部分设计优化，完善了模块的设置，根据《电力建设工程概算定额》（2013年版）及《电网工程建设预算编制与计算规定》、《火力发电工程建设预算编制与计算规定》（2013年版），结合施工图工程量，对原有指标进行了调整，在设备材料价格选取方面体现了从严控制的原则,总体造价更加贴近市场水平。

2015年水平限额指标编制完成后，经过广泛征求意见和专家评审，并向国家能源局进行了汇报，现印发实施。如在执行中遇到问题，请及时告知电力规划设计总院。

附件：1. 火电工程限额设计参考造价指标（2015年水平）（另发）

2. 电网工程限额设计控制指标（2015年水平）（另发）

电力规划设计总院（印）

2016年3月28日

总 说 明

根据我国电力工程技术发展的需要，电力规划设计总院受国家能源局委托在 2014 年水平限额设计参考造价指标的基础上，依据 2015 年度火电工程初步设计及施工图资料，采用国家能源局 2013 年 8 月发布的《火力发电工程建设预算编制与计算规定》（2013 年版）、《电力建设工程概算定额》（2013 年版）以及 2015 年设备、材料（北京地区）价格，编制了常规燃煤火力发电厂工程限额设计参考造价指标（2015 年水平）及 2014~2015 年结算性造价指数和 300MW 等级及 180MW 等级的燃气—蒸汽联合循环发电机组的参考造价，它反映了 2015 年火电工程基本建设的造价水平及 2014～2015 年造价变化情况，同时根据工程实际情况在2014年限额设计参考造价指标的基础上对部分技术条件做了调整，并对参考电价做了调整。

其主要作用是：

（1）作为动态管理的依据；

（2）作为设计部门编制可行性研究报告投资估算、初步设计概算及进行对比分析的参考；

（3）作为政府主管部门核准项目投资的参考；

（4）作为各发电公司编制宏观规划的参考资料；

（5）作为项目法人控制工程投资的参考。

本参考造价指标适用于 300MW 级、600MW 级、1000MW 级燃煤机组、300MW 级和 180MW 级的燃气—蒸汽联合循环发电机组新建、扩建工程项目。当工程的技术条件与基本方案不同时，应根据调整指标、主要厂址条件等作修正，并考虑地区调整因素。

目　录

一、2×350MW 超临界燃煤机组火电工程限额设计参考造价指标及调整模块

（一）编制说明

1. 主要编制依据

（1）主要设备价格以中国电能成套设备有限公司提供的资料为基础，并综合考虑各发电集团公司意见，同时参照实际工程招标情况作了部分修正。

（2）建筑、安装工程主要材料价格采用北京地区 2015 年价格，其中安装材料的实际价格以电力建设工程装置性材料价格资料为基础，并结合 2015 年实际工程招标价格作了综合测算。人工工资、定额材料机械调整执行电力工程造价与定额管理总站《关于发布 2013 版电力建设工程概预算定额水平调整的通知》（定额〔2015〕44 号）。

（3）定额采用国家能源局 2013 年 8 月发布的《电力建设工程概算定额》（2013 年版）。

（4）费用标准按照 2013 年 8 月由国家能源局发布的《火力发电工程建设预算编制与计算规定》（2013 年版），其他政策文件依照惯例使用至 2015 年底止。

（5）国产机组造价内已含少量必要的进口设备、材料费用，进口汇率按 1 美元=6.50 元人民币，其相应的进口费用已计入设备材料费中，其中的关税按《中华人民共和国进出

口关税条例》中的优惠税率计。

（6）抗震设防烈度按 7 度考虑。

（7）本指标价格只计算到静态投资，基本预备费率为 3%。

2. 编制范围

本指标不包括下列内容：

（1）灰渣综合利用项目（指厂外项目）；

（2）厂外光纤通信工程；

（3）地方性的收费；

（4）项目融资工程的融资费用；

（5）价差预备费；

（6）建设期贷款利息。

3. 基本技术组合方案说明

与 2014 年水平相比，将“四电场除尘器”调整为“五电场除尘器”，调整了凝汽器面积。

4. 费用变化说明

取价原则变化，价格水平贴近市场，采用中等偏低价格。

5. 调整指标及模块有关说明

与 2014 年水平相比，增加了超低排放模块。

每个模块列出的明细表仅为该模块各方案间有差异的主要内容，模块方案造价不只包含明细表中列出的内容，模块造价为静态投资，含模块界限内的建筑、设备、安装费用，不含其他费用、材料价差及基本预备费，模块各方案造价的边界一致，可以互换，个别模块需要与其他模块联合使用。若现有调整模块不能覆盖实际工程的技术条件时，造价分析时可根据工程实际情况自行调整。

（二）2×350MW 机组参考造价指标

单位：元/kW

机 组 容 量			2015 年
350MW 超临界供热	两台机组	新建	3875
		扩建	3281

（三）各类费用占指标的比例

机组容量	建筑工程费用（%）	设备购置费用（%）	安装工程费用（%）	其他费用（%）	合计（%）
2×350MW 超临界供热	25.90	42.03	18.51	13.56	100

（四）2×350MW 机组新建工程其他费用汇总表

单位：万元

序号	工程或费用名称	2015 年
一	建设场地占用及清理费	8492
二	项目建设管理费	6311
三	项目建设技术服务费	9571
四	整套启动试运费	622
五	生产准备费	2723
六	大件运输措施费	200
合　　计		27 919

注　不含基本预备费，不含脱硫、脱硝装置系统的其他费用。

（五）2×350MW 机组新建工程主要参考工程量

序号	项　目　名　称	单位	2015 年
一	主厂房体积	m^3	293 878
1	汽机房体积	m^3	141 711
2	除氧煤仓间体积	m^3	63 949
3	炉前封闭体积	m^3	9798
4	锅炉运转层以下封闭体积	m^3	45 128
5	集控楼体积	m^3	16 323
6	热网加热站体积	m^3	16 969
二	热力系统汽水管道，其中：	t	1820
1	高压管道	t	810
（1）	主蒸汽管道	t	240
（2）	再热蒸汽（热段）	t	234
（3）	再热蒸汽（冷段）	t	150
（4）	主给水管道	t	186
2	中低压管道	t	1010
三	烟风煤管道	t	1860
四	热网系统管道	t	650
五	热力系统保温油漆（含炉墙保温）	m^3	11 603
六	全厂电缆，其中：	km	1398
1	电力电缆	km	248
2	控制电缆	km	1150
七	电缆桥架（含支架）	t	698

续表

序号	项　目　名　称	单位	2015 年
八	土建主要工程量		
1	主厂房基础	m^3	3800
2	主厂房框架	m^3	6366
3	主厂房吊车梁	m^3	158
4	钢煤斗	t	457
5	汽机平台	m^2	4427
6	主厂房钢屋架	t	420
九	建筑三材量		
1	钢筋	t	20 392
2	型钢	t	9363
3	木材	m^3	383
4	水泥	t	80 343
十	厂区占地面积	hm^2	23
十一	施工租地面积	hm^2	20

注　1. 主厂房体积含集控楼体积，含锅炉运转层以下部分体积。

2. 建筑三材量不包括铁路、码头、地基处理部分。

3. 锅炉的本体管道保温按照工程量项目划分原则归入全厂保温油漆的量中。

4. 高压管道工程量计算以锅炉 K1 柱外 1m 为界。K1 柱处主汽管道标高为 57.7m，再热冷段管道标高为 38.8m，再热热段管道标高为 67.8m，主给水管道标高为 30.5m。

5. 不含脱硫、脱硝装置系统各项工程量。

6. 电缆桥架采用镀锌钢材。

（六）建筑材料及征地价格

序号	项　目　名　称	单位	2015年实际单价
一	建筑三材		
1	水泥	元/t	410
2	木材	元/t	2200
3	钢筋	元/t	2060
4	型钢	元/t	2100
5	钢板	元/t	2220
二	征地		
1	厂区及厂外道路	元/亩	120 000
2	灰场	元/亩	70 000
三	租地	元/亩	5000

（七）350MW机组装置性材料实际综合价格

序号	材料名称	单位	2015年参考单价
			超临界
1	主蒸汽管道P91	元/t	84 956
2	再热蒸汽管道（热段P22/P91）	元/t	92 693
3	再热蒸汽管道（冷段）	元/t	32 702
4	主给水管道（15NiCuMoNb5—6—4）	元/t	52 088

续表

序号	材料名称	单位	2015年参考单价
			超临界
5	锅炉排污、疏放水管道	元/t	10 804
6	汽机抽汽管道	元/t	23 526
7	辅助蒸汽管道	元/t	17 229
8	加热器疏水、排气、除氧器溢放水管道	元/t	21 071
9	凝汽器抽真空管道	元/t	14 227
10	汽轮机本体轴封蒸汽及疏水系统	元/t	11 018
11	汽轮发电机组油、氮气、二氧化碳、外部冷却水系统管道	元/t	20 950
12	给水泵汽轮机本体系统管道	元/t	23 227
13	主厂房循环水、冷却水管道	元/t	10 963
14	主厂房内空气管道	元/t	16 789
15	中低压给水管道	元/t	21 119
16	0号柴油	元/t	5970
17	烟道	元/t	6952
18	热风道	元/t	7627
19	冷风道	元/t	7037

续表

序号	材 料 名 称	单位	2015 年参考单价
			超临界
20	送粉管道	元/t	8900
21	原煤管道	元/t	5654
22	制粉管道	元/t	7700
23	岩棉	元/m^3	400
24	硅酸铝	元/m^3	680
25	微孔硅酸钙	元/m^3	1300
26	超细玻璃棉	元/m^3	1130
27	电力电缆　6kV 以上	元/m	255
28	电力电缆　6kV 以下	元/m	79
29	电气控制电缆	元/m	12
30	热控电缆	元/m	10
31	计算机电缆	元/m	10
32	补偿电缆（综合价）	元/m	23
33	共箱母线（铝）	元/m	4300
34	共箱母线(交流励磁)(铜)	元/m	4750
35	共箱母线(直流励磁)(铜)	元/m	2830
36	电缆桥架（钢）	元/t	7110
37	电缆支架（钢）	元/t	5053

注　炉墙砌筑材料价格在保温材料中统一体现。

（八）350MW 机组设备参考价格

序号	设备名称	规格型号	单位	2015 年参考价（万元）
一、热力系统				
1	锅炉(烟煤)	1100t/h，超临界，不含节油点火装置	台	13 800
2	锅炉(褐煤)	1100t/h，超临界，不含节油点火装置	台	15 000
3	循环流化床锅炉	1188t/h，超临界，不含节油点火装置	台	17 000
4	节油点火装置	等离子点火装置，4 支（1 层）	套/炉	260
5	节油点火装置	小油枪点火装置，4 支（1 层）	套/炉	90
6	汽轮机	350–24.2/566/566（含 DEH），供热	台	6500
7	汽轮发电机	QFSN–350–2 型，含静态励磁	台	4300
8	中速磨煤机	HP–863/MPS–180/ZGM95（含密封风机等）	台	300
9	中速磨煤机	MPS200–HP– Ⅱ 型 /ZGM113（含密封风机等，配国产减速机），适用于褐煤	台	350

续表

序号	设备名称	规格型号	单位	2015年参考价（万元）
10	钢球磨	350/600（含钢球、润滑油、密封风机等）	台	275
11	双进双出磨煤机	400/660，煤位测量装置进口（含钢球、润滑油、密封风机等）	台	750
12	埋刮板输粉机	MSSF40型，双向防爆型，80t/h	台	35
13	埋刮板给煤机	MSD63A型，可调出力15～100t/h，7m内	台	19
14	电子称重式给煤机	出力60t/h	台	23
15	叶轮给粉机	GF-12型，额定出力4～12t/h	台	6
16	送风机（含电机）	动叶可调轴流式 Q=513 972m³/h，710kW	套	80
17	引风机（含电机）	静叶可调轴流式 Q=1 178 352m³/h，2800kW	套	115
18	引风机（含电机）	动叶可调轴流式 Q=1 178 352m³/h，2100kW	套	150
19	引风机（含电机）	动叶可调轴流式 Q=1 178 352m³/h，3400kW（引风机与增压风机合并）	套	210

续表

序号	设备名称	规格型号	单位	2015 年参考价（万元）
20	引风机（离心式）	双吸、双支撑离心式RJ48–DW3250F 321.86m^3/s，10 428Pa，4200kW 变频电机	套	177
21	一次风机（含电机）	离心式，Q=295 920m^3/h，1000kW	套	70
22	一次风机（含电机）	动叶可调轴流式，Q=295 920m^3/h，1200kW	套	110
23	排粉风机（含电机）	M5–29–11 NO21.5D	套	40
24	电除尘器	双室四电场（含高频电源），$\eta \geq 99.8\%$，1700t	套	1680
25	电除尘器	双室五电场（含高频电源），$\eta \geq 99.84\%$，2040t	套	1950
26	电除尘器	双室五电场（含高频电源），采用低温技术，$\eta \geq 99.92\%$，2040t	套	2250
27	布袋除尘器	99.95%，出口含尘浓度<50mg/Nm^3	套/炉	2000

续表

序号	设备名称	规格型号	单位	2015 年参考价（万元）
28	电袋除尘器	99.95%，出口含尘浓度<50mg/Nm^3（含一级高频电源）	套/炉	2400
29	湿式除尘器	双室一电场（含电源），η≥70%	套/炉	1500
30	50% 给水泵小汽机	小汽机和进口蝶阀、MEH 等仪表与控制系统	套	395
31	50% 汽动给水泵	含前置泵	套	230
32	50% 电动给水泵	635m^3/h　22.06MPa，含进口液力耦合器，前置泵等	套	425
33	30% 电动给水泵	427m^3/h　21.6MPa，含进口液力耦合器，前置泵等	套	325
34	30% 电动给水泵	427m^3/h　21.6MPa，不含液力耦合器，含前置泵等	套	180
35	50% 电动给水泵	含进口液力耦合器，前置泵等，配北重机	套	490
36	液力耦合器	国产	台	70

续表

序号	设备名称	规格型号	单位	2015 年参考价（万元）
37	凝汽器	钛管，18 000m^2	台	2250
38	凝汽器	不锈钢 304，18 000m^2	台	864
39	凝汽器	不锈钢 316，18 000m^2	台	1116
40	凝汽器	不锈钢 317，18 000m^2	台	1440
41	凝汽器	不锈钢316L，18 000m^2	台	1170
42	凝汽器	不锈钢317L，18 000m^2	台	1530
43	闭式循环冷却器	卧式直流双流程1800t/h（钛管）	台	371
44	汽机旁路装置	35%，进口，简化型，配超临界机组（含就地仪表与执行器）	套	300
45	汽机旁路装置	配北重机，高压 70%，低压 130%	套	590
46	除氧器及水箱	YYW–1050 YYX–160，0.981MPa	套	180
47	高压加热器	配超临界机组，三级卧式，主要阀门进口	套	620
48	立式高压加热器	配北重机	套	600
49	低压加热器	四级卧式，主要阀门进口	套	470

续表

序号	设备名称	规格型号	单位	2015年参考价（万元）
50	凝结水泵	100%，953m^3/h，3MPa，965kW	台	50
51	凝结水泵	50%，454m^3/h，500kW	台	45
52	真空泵	75kg/h，每台机配2台，1用1备	台	40
53	汽机房行车	75/20t，跨度25.5m，大梁加固100t	台	120
二、燃料供应系统				
54	翻车机	C型单车翻车机及其调车系统　Q=25节/h	套	1050
55	斗轮堆取料机	1500/1000t/h　臂长30m，折返式	套	830
56	斗轮堆取料机	1000/1000t/h　臂长30m，折返式	套	780
57	圆形煤场堆取料机	圆形煤场直径100m，门式	台	1200
58	活化给煤机	Q=800t/h	台	75
59	输煤皮带机	1200mm（含胶带，不含皮带机保护元件，减速器为中外合资产品）	m	0.53

续表

序号	设备名称	规格型号	单位	2015 年参考价（万元）
60	输煤皮带机	1400mm（含胶带，不含皮带机保护元件，减速器为中外合资产品）	m	0.7
61	输煤皮带机	1600mm（含胶带，不含皮带机保护元件，减速器为中外合资产品）	m	0.8
62	环（锤）式碎煤机	800t/h	台	55
63	环（锤）式细碎机	Q=600t/h（进口）	台	350
64	滚轴筛	Q=1000t/h	台	28
65	皮带给煤机	B=1600mm，Q=350～860t/h	台	30
66	桥式叶轮给煤机	B=1200mm，Q=300～1000t/h，带变频调速	台	30
67	环式给煤机	单环式，配直径 22m 筒仓	台	90
68	环式给煤机	双环式，配直径 36m 筒仓	台	330
69	推煤机	TY220 型	台	80
70	装载机	ZL50	台	35

续表

序号	设备名称	规格型号	单位	2015年参考价（万元）
71	火车取样装置	门式，跨距6m，用于单台翻车机（缩分、破碎、液压装置进口，减速器为中外合资产品）	台	65
72	火车取样装置	桥式，跨距13.5m，用于双线火车卸煤沟（缩分、破碎、液压装置进口，减速器为中外合资产品）	台	75
73	汽车取样装置	（缩分、破碎、液压装置进口，减速器为中外合资产品）	台	60
74	皮带中部取样装置	*B*=1200mm 双取样头，对应1套二级缩分、一级破碎、回煤装置（用于入炉煤，取样头、缩分、破碎装置进口）	台	70
75	动态轨道衡	断轨	台	35
76	动态轨道衡	不断轨	台	60
77	二工位头部伸缩装置	*B*=1200mm	台	28

续表

序号	设备名称	规格型号	单位	2015年参考价（万元）
78	三工位头部伸缩装置	B=1200mm	台	38
79	运煤系统一次元件（新建）	包括双向拉绳开关，二级跑偏开关，胶带纵向撕裂检测装置，煤流检测装置，速度检测装置，堵煤信号，原煤仓高、低和连续料位信号等	套	80
80	运煤系统一次元件（扩建）	包括双向拉绳开关，二级跑偏开关，胶带纵向撕裂检测装置，煤流检测装置，速度检测装置，堵煤信号，原煤仓高、低和连续料位信号等	套	30
三、除灰系统				
81	气力除灰	输灰、控制、除尘设备等，不含管道、空压机，输送距离约500m，单台炉除灰系统出力60t/h，双室五电场电除尘器，2×16+2×3个灰斗（数量待核实）	套/2炉	435

续表

序号	设备名称	规格型号	单位	2015 年参考价（万元）
82	刮板捞渣机	单侧捞渣机（含关断门、渣井及液压控制等）出力 7～30t/h，长度 22m	台	260
83	刮板捞渣机	单侧捞渣机（含关断门、冷渣斗、液压控制等）出力 7～30t/h，长度 48m	台	340
84	干式排渣机	（含渣井，关断门，碎渣机，渣仓，控制，斗式提升机）出力：6～20t/h，长度 30m	套	490
85	自卸汽车	17t	台	45
86	灰渣泵（含电机）	离心式，Q=380m^3/h，H=59.4m（含调速）	套	30
87	柱塞泵	PZNB–130/6，315kW，含电动机	台	70
88	脱水仓	D=10m，两个脱水仓，含支架	套	180
89	浓缩机	8m	台	40

续表

序号	设备名称	规格型号	单位	2015年参考价（万元）
四、水处理系统				
90	超滤装置	含加药装置、进水泵、保安过滤器、反洗水泵、水箱、膜组件、换热器等	t/h	1.2
91	反渗透装置	含加药装置、反洗水泵、升压泵、保安过滤器、水箱、膜组件、换热器等	t/h	1.5
92	制氢装置	含程控，无人值守，3个罐，$10Nm^3/h$	套	260
93	水汽集中取样分析装置	部分仪表进口，常规仪表国产，不含凝汽器检漏	套	100
94	凝结水精处理装置	两机一套再生装置，含程控，含树脂，配2×50%前置过滤+3×50%混床，配超临界机组	套/2机	1000
五、供水系统				
95	循环水泵	立式斜流泵，22m，$5m^3/s$，含电机，电机功率1600～2000kW	台	180

续表

序号	设备名称	规格型号	单位	2015年参考价（万元）
96	直接空冷设备	包括空冷凝汽器、A型架、隔墙、蒸汽分配管、风机桥架、防护网	万m^2	40
97	空冷风机	直径 9.15m，功率132kW，含变频器、风机筒、电机、齿轮箱	台	43
98	间接空冷设备	包括散热器管束、冷却三角框架、支撑件、百叶窗、散热器清洗系统、塔内管道。管束垂直布置	万m^2	45
六、电气系统				
99	主变压器	SFP10–370000/220	台	1030
100	主变压器	SFP10–370000/330	台	1250
101	主变压器	SFP10–370000/500	台	1400
102	主变压器	SFP10–420000/220	台	1120
103	断路器	SF_6–220，50kA，罐式	台	90
104	断路器	SF_6–220，50kA，柱式	台	38
105	断路器	SF_6–220，50kA，柱式（合资）	台	48

续表

序号	设备名称	规格型号	单位	2015 年参考价（万元）
106	高压厂用变压器	无载调压 SFF–50000/20，50/31.5–31.5MVA	台	340
107	起动/备用变压器	有载调压 SFF2–50000/220，50/31.5–31.5MVA（进口开关）	台	540
108	起动/备用变压器	有载调压 SFF2–50000/330，50/31.5–31.5MVA（进口开关）	台	560
109	220kV GIS	断路器间隔，含主母线及分支母线	间隔	155
110	220kV GIS（母线设备间隔）		间隔	70
111	高压开关柜	KYN–10，3150A，40kA（进口开关）	台	20
112	高压开关柜	KYN–10，3150A，40kA	台	15
113	高压开关柜	KYN–10, 1250～1600A, 40kA	台	12
114	高压开关柜	KYN–10，TV 柜	台	5
115	高压开关柜	F–C 单回路，40kA	台	9

续表

序号	设备名称	规格型号	单位	2015年参考价（万元）
116	低压开关柜	PC，主厂房内	台	7
117	低压开关柜	MCC，主厂房内	台	5
118	输煤程控装置	上位机、PLC、网络通信电缆、输煤工业电视系统，不包括传感器	套	180
119	交流不停电电源装置	80kVA 单台（三相输入，单相输出）	套	40
120	网络监控系统	微机监控系统（国产）	套	150
121	柴油发电机	650kW，主机进口	台	120
七、热工控制系统				
122	分散控制系统	包括DAS、MCS、SCS（含电气控制）、FSSS等4功能子系统，配5个操作员站等人机接口设备，I/O点规模为6200点	套	370
123	除渣程控装置	PLC程控，操作员站，软硬件系统，机柜，就地仪表和执行机构	套	70

续表

序号	设备名称	规格型号	单位	2015 年参考价（万元）
124	化学补给水程控装置	PLC 程控，操作员站，软硬件系统，机柜，就地仪表和执行机构	套	175
125	燃油泵房程控装置	PLC 程控，操作员站，软硬件系统，机柜，就地仪表和执行机构	套	60
126	空调仪表与控制系统	PLC 程控，操作员站，软硬件系统，机柜，就地仪表和执行机构	套	52
127	火检及冷却风系统	根据炉型不同火检数量不同，按四角切圆燃烧方式，32 只火检，2 台冷却风机，进口	套	50
128	全厂工业闭路电视监视系统	150 点	套	130
八、附属生产工程				
129	启动锅炉及辅机	燃煤炉，20t/h，1.29MPa，300℃，链条炉	台	370

（九）2×350MW 机组基本技术组合方案

系统项目	2×350MW	
名称	新　　建	扩建
一、热力系统		
1. 主厂房结构形式及布置	主厂房布置为三列式：即汽机房、除氧煤仓间和锅炉房，集中控制楼布置在两炉之间。汽机纵向，机头朝向固定端，汽机房跨度 30m，煤仓间跨度 11.5m（柱中心线间距），炉前跨 7.2m，柱距 9m。厂房长 145.5m，运转层标高 12.6m；主厂房钢筋混凝土结构，汽机房厂房体积 141 711m^3、煤仓间体积 63 949m^3、炉前封闭体积 9798m^3；锅炉运转层以下封闭体积 45 128m^3，集控楼 16 323m^3；热网加热站 16 969m^3；主厂房体积 293 878m^3	同左
2. 锅炉	1200t/h，超临界，直流炉（全钢构架，同步脱硝，含等离子点火装置），2 台	同左
3. 汽轮机	超临界、单抽凝汽式汽轮机，额定抽汽量为 550t/h，2 台	同左
4. 汽轮发电机	QFSN–350–2 型，2 台	同左

续表

系统项目	2×350MW	
名称	新　　建	扩建
5. 制粉系统	中速磨煤机10台，ZGM95N–I	同左
6. 风机	送风机：动叶可调轴流式，139.95m^3/s，电机功率900kW，4台；引风机：动叶可调双级轴流式，343.43m^3/s，电机功率3500kW，4台；一次风机：动叶可调轴流式，风量75.4m^3/s，4台，电机功率1300kW	同左
7. 除尘系统	静电除尘器双室五电场，效率≥99.84%	同左
8. 四大管道材质	主汽管道（P91）；再热热段（P91）；再热冷段（A672B70CL32）；主给水管道（15NiCuMoNb5–6–4）	同左
9. 凝结水泵	1041m^3/h，330mH_2O，100%流量，4台，"一拖二"变频	同左
10. 旁路	高低压两级串联，30%容量国产气动简化旁路	同左
11. 给水泵	汽动给水泵，637m^3/h，3213mH_2O，50%流量，4台；电动调速给水泵，30%流量，350m^3/h，2台	同左

续表

系统项目	2×350MW	
名称	新　　建	扩建
12. 热网系统	热网加热器，有效换热面积 $2400m^2$，4台；热网循环水泵：Q=4100m^3/h，扬程150mH_2O，4台；热网补水除氧器：200t/h，1台；热网补水除氧水箱：50m^3，1台；热网补水定压泵：190m^3/h，扬程：34mH_2O，2台，变频；热网循环水泵入口滤水器Dn700，4台；厂区热网管道（供回水）管道规格DN1200/DN1200，长度：厂房内热网循环水管道长度192m，厂区管道710m，热网管道至厂区围墙外1m	同左
13. 锅炉真空清扫系统	固定式负压吸尘装置及配套管线2套	同左
14. 暖通系统	汽机房、锅炉房由屋顶通风器排至室外；集控楼空调系统选用风冷直接蒸发式空调机组2套组合空调机组；输煤系统脉冲布袋除尘器；外网系统	制冷站设备根据冷负荷扩容
15. 烟道支架	钢烟道支架为钢筋混凝土结构，主烟道为钢筋混凝土框架结构	同左
16. 引风机室	钢筋混凝土框架结构	同左

续表

系统项目	2×350MW	
名称	新　　建	扩建
17. 送风机支架	钢筋混凝土框架结构	同左
18. 烟囱	210m/ϕ7m，1 座，钢筋混凝土外筒、钛板复合板单内筒套筒式结构烟囱	同左
二、燃料供应系统		
1. 简要说明	运煤系统的设计出力按 4×350MW 机组容量考虑，土建部分本期一次建成，卸煤和贮煤设施分期建设	
2. 卸煤	全部铁路敞车运煤进厂，翻车机室土建部分按 2 套一次建成，本期安装单车翻车机及其调车系统 1 套，1 重 1 空 1 走行，折返式布置；活化给料机 Q=500～800t/h，2 台；动态轨道衡 1 台，火车取样机 1 台	单车翻车机及其调车系统 1 套，1 重 1 空，折返式布置；活化给料机 Q=500～800t/h，2 台；火车取样机 1 台
3. 贮煤	煤场为封闭条形煤场，容量为 2×350MW 机组 10 天耗煤量；长度为 200m，宽度 100m，斗轮堆取料机堆料出力 1500t/h，取料出力 1000t/h，臂长 35m，1 台；推煤机 2 台，装载机 1 台	煤场延长至煤场总容量为 4×350MW 机组 10 天耗煤量，增设 1 台装载机

续表

系统项目	2×350MW	
名称	新　　建	扩建
4. 运煤	卸煤胶带机 B=1400mm，Q=1500t/h，单、双路设置；胶带机总长 L=1166m，上煤胶带机 B=1200mm，Q=1000t/h，单、双路设置；胶带机总长 L=1306m，原煤仓配煤方式采用犁煤器方案	煤场胶带机延长 L=160m；煤仓间胶带机延长 L=272m
5. 碎、筛煤	环锤式碎煤机 Q=800t/h，2 台；滚轴筛 Q=1000t/h，2 台	
6. 主要辅助建筑	输煤综合楼按 1479m^2，推煤机库按 400m^2	
7. 点火油罐	300m^3 钢油罐 2 个	
8. 含油污水处理	简易装置 1 套	
9. 栈桥、廊道	碎煤机室至主厂房段为钢结构支架、钢桁架、钢梁浇制板，压型钢板封闭，长 319m；煤场至碎煤机室为钢筋混凝土结构，长 67m；煤场至翻车机室段为钢筋混凝土结构，加气混凝土外墙，长 53m，地下廊道长 154m	
10. 转运站	钢筋混凝土结构	

续表

系统项目	2×350MW	
名称	新　　建	扩建
11. 斗轮机基础	钢筋混凝土基础	
12. 翻车机室	钢筋混凝土结构，1 座翻车机室按安装 2 台单车翻车机设计	
三、除灰系统		
1. 厂内除灰渣（石子煤）方式	灰渣分除，干灰集中至灰库，范围为除尘器灰斗法兰至灰库卸料设备出口，输送距离 380m，单台炉除灰系统出力 50t/h，双室四电场电除尘器；干式排渣机后接斗式提升机输送至渣仓，范围为锅炉炉灰斗水封插板出口至渣仓卸料设备出口，干式排渣机出力 12～30t/h；电瓶叉车运输石子煤，分界点为中速磨石子煤斗出口	同左
2. 厂外汽车运灰渣	运灰公路 5km，20 级路面，路面宽 7m，路基宽 8.5m，每 1km 设 25m 缓冲带（宽 12m），占地 60 亩；17t 自卸汽车，6 辆，2 个车位检修车库 150m^2	
3. 灰场机械	8t 洒水车 1 辆，YZ16 自动碾压机 1 辆，YZS068 手动碾压机 1 辆，TY210B 推土机 1 辆	

续表

系统项目	2×350MW	
名称	新　　建	扩建
4. 灰库	钢筋混凝土筒仓，无保温	同左
5. 除灰综合楼	钢筋混凝土框架结构	同左
6. 气化风机房	钢筋混凝土框架结构	同左
四、水处理系统		
1. 锅炉补给水处理系统（含热网补充水处理）	超滤反渗透、一级除盐加混床，超滤反渗透出力为3×65t/h，一级除盐加混床出力为2×80t/h	同左
2. 化验室	气：SF_6分析；水、煤（含入厂煤、入炉煤）、油（含透平油、绝缘油、抗燃油）分析	
3. 水汽取样分析装置	含高温高压取样冷却装置及在线分析仪表，仪表配置原则按最新的化学技术规程	同左
4. 凝汽器检漏装置	无	

续表

系统项目	2×350MW	
名称	新　　建	扩建
5. 凝结水精处理系统	2×50%前置过滤器+3×50%高速混床，两机合用一套再生装置、配7份树脂，（注：循环冷却水水源采用河水、水库水等情况下，可选用 2×50%高速混床系统，两机合用一套再生装置、配5份树脂）	同左
6. 循环水稳定处理装置	循环水加酸加稳定剂处理	同左
7. 循环水杀生处理装置	化学法制二氧化氯，设备容量为 2×10kg/h 有效氯	同左
8. 给水炉水加药处理	炉内低磷酸盐处理，给水凝结水加氨、加联氨，两机合用一套加药系统	同左
9. 工业废水处理	相对集中处理，正常工况下回收利用，不外排，不包括含煤废水处理	
10. 制氢	1×10Nm^3/h 制氢加干燥储存装置	
11. 厂区管道	防腐管道	同左

续表

系统项目	2×350MW	
名称	新　　建	扩建
12. 锅炉补给水处理车间（含除盐间、泵间、加药间、化学水办公楼、酸碱库及中和池）	钢筋混凝土框（排）架结构	同左
13. 凝结水精处理室	钢筋混凝土框（排）架结构	同左
14. 化验楼	砌体结构	同左
15. 循环水加药间	钢筋混凝土框（排）架结构	
16. 制氢站	钢筋混凝土框架结构	
17. 工业废水处理站	钢筋混凝土结构	同左
五、供水系统		
1. 供水方式	采用扩大单元制二次循环供水系统	同左

续表

系统项目	2×350MW	
名称	新　　建	扩建
2. 冷却水塔	每台机配逆流式自然通风冷却塔 1 座，冷却塔淋水面积为 $5000m^2$；考虑防冻和降噪隔声屏	同左
3. 循环水系统	二台机共用 1 座循环水泵房，泵房内安装 4 台循环水泵（立式斜流泵），进水间和泵房全封闭，下部结构 24.5m×21m×8.5m（长×宽×深），地上结构 23m×35m×16.7m（长×宽×高）；循环水压力管道采用焊接钢管；2×DN2400，总长 *L*=1800m	同左
4. 补给水系统	补给水为中水，补给水泵房设 3 台补给水泵，土建按 5 台泵一次建成	增设 2 台水泵
5. 补给水管线	1×DN700，长度 *L*=5km	同左
6. 中水调节蓄水池	$10\,000m^3$，钢筋混凝土结构	同左
7. 中水备用水系统	备用水泵房设 3 台补给水泵，土建按 4 台机组规模 5 台泵一次建成。下部结构 19m×16.9m×20.48m（长×宽×深），上部结构 14m×25m×13.5m(长×宽×高)；自流引水管 300m，钢制喇叭口取水头输水管 1×DN700，长度 *L*=15km	增设 2 台水泵，输水管同左

续表

系统项目	2×350MW	
名称	新　　建	扩建
六、电气系统		
1. 出线回路	2回	同左
2. 配电装置	220kV屋外中型，双母线（不设旁路母线），采用国产柱式SF_6断路器	同左
3. 主变压器	220kV 变压器三相双绕组（420 000kVA），2台	同左
4. 高压厂用电源	每台机组设1台50/31.5–31.5MVA 分裂绕组高压厂用变压器	设1台40/25–25MVA高压厂用变压器
5. 高压厂用断路器	真空断路器与F–C（单回路）组合；电源回路采用国产化真空断路器；馈线柜采用全国产设备，1250kVA及以下低压厂用变压器回路和1000kW及以下电动机回路采用F–C设备	同左
6. 启动/备用电源	由厂内220kV母线架空引接一回线，设1台有载调压分裂变压器，容量50/31.5–31.5MVA，正常运行时不带负荷	设1台有载调压分裂变，容量40/25–25MVA

续表

系统项目	2×350MW	
名称	新　　建	扩建
7. 事故保安电源	每台机组设置 1 台 630kW 柴油发电机组（含供脱硫系统保安负荷 120kW 左右）	同左
8. 交流不停电电源	每台机组设置 1 台 80kVA UPS 装置	同左
9. 网络控制系统	220kV 配电装置规模为 8 个间隔（2 进、2 出、1 个母联、1 个起动/备用电源、2 个母线电压互感器及避雷器间隔），网络控制配置微机监控系统一套，就地设继电器小室，数据采集装置按间隔配，双上位机（操作员站）	增加本期数据采集单元
10. 直流系统	控制、动力分开供电，每台机组包括控制 2 组 110V 蓄电池、配高频开关电源型充电装置 2 组（模块 n+1 配置），动力 1 组 220V 蓄电池、配高频开关电源型充电装置 1 组（模块 n+1 配置），直流屏、绝缘检查装置、电池检测装置	同左
11. 发电机—变压器保护	发电机—变压器组保护采用双套保护装置；保护屏 10 面	同左

续表

系统项目	2×350MW	
名称	新　建	扩建
12. 输煤控制系统	程控系统;按4×350MW规划容量考虑程控装置：2套上位机(操作员站)，PLC控制，I/O点数1000点左右,2～3个远程站,包括网络通信电缆；输煤工业电视系统：4个显示器，16个摄像头(2个彩色变焦，14个黑白)，矩阵切换器等；包括传感器	根据工程实际情况，考虑适当增加I/O点及摄像头数量
13. 全厂高压开关柜(含F–C)	共123面(不设公用段，不含脱硫)	107面
14. 升压站	220kV屋外式，钢筋混凝土离心杆柱、钢桁架梁	同左
15. A列外构筑物	构架为钢筋混凝土离心杆柱、钢桁架梁，设备基础为钢筋混凝土基础	同左
七、系统二次		
1. 继电保护	220kV线路保护4套、母线保护2套、每台断路器配置1套断路器保护、配置线路故障录波器屏1面、保护及故障录波信息管理子站1套；行波测距装置1套及安全稳定控制装置2套	同左，已有系统按扩容考虑

续表

系统项目	2×350MW	
名称	新　建	扩建
2. 调度自动化	远动与网控统一考虑；配置AGC/AVC测控柜1套；220kV出线侧、起动/备用变压器高压侧配置主/校、0.2s级关口表；机组出口侧配置单、0.5s级考核表；电表处理器1套，计费小主站1套；调度数据网接入设备、二次系统安全防护设备各1套；功角测量装置、电厂竞价辅助决策系统、发电负荷考核系统各1套	同左，已有系统按扩容考虑
3. 通信	配置2套SDH 622Mbit/s光端机；96门调度程控交换机1台；–48V高频开关电源2套，500Ah蓄电池2组；至调度端PCM2对；通信机房动力环境监视纳入电厂网控系统统一考虑；载波通道4路（根据工程实际需要配置）	同左，已有系统按扩容考虑
八、热工控制系统		
1. 分散控制系统（DCS）	包括DAS、MCS、SCS、FSSS等4个功能子系统（包括电气进DCS，不包括大屏幕），2套	同左
2. 汽轮机控制系统（DEH）	高压抗燃油伺服系统，纯电液数字调节方式，2套	同左

续表

系统项目	2×350MW	
名称	新　　建	扩建
3. 汽轮机危急遮断系统（ETS）	采用PLC或DCS实现保护功能，2套	同左
4. 汽轮机安全监测仪表（TSI）	含汽机转速、汽轮发电机轴承振动、轴向位移、差胀、缸胀、偏心、键相等功能，2套	同左
5. 汽轮机振动分析和故障诊断系统（TDM）	含工控机、分析软件、专家诊断软件等，2机组合配1套人机界面	同左
6. 吹灰程控及烟温探针系统	包括吹灰程控软硬件及动力柜和烟温探针就地仪控设备，2套	同左
7. 除灰、除渣仪表与控制系统	采用PLC程控（包括：系统软件、应用软件、硬件系统、机柜、人机界面）及就地压力、温度、流量、物位仪表和电磁阀箱、配电箱等，1套	同左
8. 化学补给水仪表与控制系统	采用PLC程控（包括：系统软件、应用软件、硬件系统，机柜、人机界面）及就地压力、温度、流量、分析仪表和电磁阀箱等，1套	按工艺情况增加相应仪表控制设备

续表

系统项目	2×350MW	
名称	新　　建	扩建
9. 凝结水精处理仪表与控制系统	采用PLC程控（包括：系统软件、应用软件、硬件系统、机柜、人机界面）及就地压力、温度、流量、分析仪表和电磁阀箱等，1套	同左
10. 燃油泵房仪表与控制系统	采用PLC程控装置，包括压力、流量、液位、温度等仪表和配电箱等，1套	
11. 启动锅炉房仪表与控制系统	包括压力、流量、温度等仪表、执行机构以及控制系统，1套	
12. 废水处理仪表与控制系统	采用PLC程控（包括：系统软件，应用软件，硬件系统、机柜、人机界面）及就地压力、温度、流量、分析仪表和电磁阀箱等，1套	按工艺情况增加相应仪表控制设备
13. 空调仪表与控制系统	采用独立的控制系统，包括就地压力、温度、流量等仪表和执行机构，1套	同左
14. 全厂工业闭路电视系统	数字式系统，包括：云台、传输光（线）、缆、视频服务器、交换机、监视器等；监测点（摄像头）150点，1套	根据监测范围调整监测点数

续表

系统项目	2×350MW	
名称	新建	扩建
15. 全厂火灾探测报警系统	重要感温、感烟传感器进口，包括预制电缆，1套	同左
16. 辅助系统集中控制网络	包括上位机、网络、接口、软件、预制电缆等，1～3套	控制网络扩容
17. 厂级自动化系统	厂级监控信息系统和管理信息系统	当电厂无此系统时，可按新建处理
九、附属生产工程		
1. 启动锅炉	燃煤炉，20t/h，链条炉，2台	
2. 启动锅炉房	钢筋混凝土框（排）架	
3. 材料库	2500m^2	
4. 综合检修间	2500m^2	
5. 生产附属及公共福利工程	办公楼2400m^2，食堂500m^2，浴室200m^2，招待所600m^2，夜班宿舍900m^2，检修公寓1200m^2	

续表

系统项目	2×350MW	
名称	新　　建	扩建
6. 厂区及施工区土石方	20 万 m^3	20 万 m^3
十、交通运输工程		
1. 铁路	Ⅱ级工企铁路标准，厂外 10km（含接轨站改造），厂内 2.7km	厂内增加 1.8km
2. 公路	三级厂矿道路标准，厂外 2km，20 级路面，路面宽 7m，路基宽 8.5m	
十一、地基处理	主厂房、烟囱、汽机基础、锅炉、集控楼、电除尘、送风机支架、引风机支架、烟道支架和输煤转运站等采用 25m 左右 450mm×450mm 预制钢筋混凝土桩，部分辅助附属建筑物采用复合地基	同左
十二、灰场	事故备用灰场，可供 2×350MW 机组使用 6 个月左右；占地面积 100m×200m，设计堆灰高度 5m；库底铺设防渗土工膜方式防渗	同左

续表

系统项目	2×350MW	
名称	新　　建	扩建
十三、脱硫装置系统		
1. 烟气及 SO_2 吸收系统及其他系统	石灰石—石膏湿法烟气脱硫工艺（1炉1塔），含硫量1.3%，脱硫效率98.6%，吸收塔除尘效率50%，不含GGH，10台循环泵，4台氧化风机；烟气系统接口范围：从引风机出口接出经脱硫装置脱硫后接至烟囱入口；工艺水系统接口范围：从电厂循环水和电厂工业水接至脱硫岛外1m；压缩空气系统：从电厂压缩空气系统接至脱硫岛外1m	同左
2. 石灰石制备系统	粒径不大于20mm的石灰石块进厂，脱硫岛内设湿磨制浆车间，2台100%出力的湿式球磨机；范围：从自卸卡车将石灰石块卸至地下料斗开始，至石灰石浆液泵出口为止	同左
3. 石膏脱水系统	一级浆液旋流器和二级皮带脱水机石膏脱水系统，2套石膏浆液旋流器，2台100%出力的真空皮带脱水机，脱水后石膏储存于石膏储存间；范围：从吸收塔浆液排出泵出口开始至副产品石膏堆放于石膏库房内为止	同左

续表

系统项目	2×350MW	
名称	新　建	扩建
4. 电气系统	脱硫负荷由高压厂用工作母线引接，2台炉设低压脱硫变压器2台，互为备用，交流事故保安负荷由机组保安电源统一供给，单独设1套交流不停电电源（UPS）	同左
5. 热控系统	主控制系统采用2套FGD-DCS；脱硫闭路电视监视系统1套；火灾探测与报警系统1套；每台机组烟气连续监测装置（烟气进、出口）2套；脱硫pH计、物位仪、电磁流量仪、浆液分析仪、电动/气动执行机构、变送器、测量元件等就地仪表2套	同左
6. 电气控制综合楼	钢筋混凝土框架	同左
7. 烟道支架	钢结构	同左
十四、脱硝装置系统		
1. 液氨的贮备系统及设备	纯氨法：液氨由槽车运送到液氨储槽，在氨气蒸发器中蒸发为氨气	同左

续表

系统项目	2×350MW	
名称	新　　建	扩建
2. SCR 反应系统	烟气在锅炉省煤器出口处被平均分为两路，每路烟气并行进入一个垂直布置的SCR反应器，即每台锅炉配有两个反应器，烟气经过均流器后进入催化剂层，然后烟气进入空预器、电除尘器、引风机和脱硫装置后，排入烟囱；烟气在进入催化剂前设有氨注入的系统，烟气与氨气充分混合后进入催化剂反应，脱去NO_x；SCR反应器入口NO_x浓度按 300mg/Nm^3 设计，脱硝效率≥70%	
	催化剂层数2+1，初装两层，催化剂采用蜂窝式	
	脱硝系统不设置烟气旁路和省煤器高温旁路系统	
	脱硝装置支撑在炉后除尘器前的支架上，由锅炉厂设计、供货，脱硝装置平台、扶梯与锅炉平台连接	
3. 土建	包括：脱硝反应器构架基础、卸氨区构筑物、配电间、室外给、排水及消防系统及综合管架	

（十）2×350MW 机组调整模块表

序号	模块名称	技术条件	造价合计（万元）
一	热力系统		
	1. 炉型		
		包括锅炉本体，风机，除尘装置，制粉系统，烟风煤管道，锅炉其他辅机，高压管道和相关保温（包括锅炉本体保温含砌筑、烟风煤管道保温、电除尘保温、高压汽水管道保温；不包括汽轮发电机组本体保温和中低压汽水管道保温）	
	A. 烟煤	其中：建筑工程费 10 428 万元，设备购置费 37 292 万元，安装工程费 20 401 万元，材差–3154 万元	64 966
		汽机纵向，机头朝向固定端，汽机房跨度 30m，煤仓间跨度 11.5m（柱中心线间距），炉前跨 7.2m，柱距 9m。厂房长 145.5m，运转层标高 12.6m；主厂房钢筋混凝土结构，汽机房厂房体积 141 711m^3、煤仓间体积 63 949m^3、炉前封闭体积 9798m^3；锅炉运转层以下封闭体积 45 128m^3	

续表

序号	模块名称	技 术 条 件	造价合计（万元）
一	A. 烟煤	1200t/h，烟煤炉，2 台	
		中速磨煤机 10 台，ZGM95N–I 型	
		送风机：动叶可调轴流式，139.95m^3/s，4 台	
		引风机：静叶可调轴流式，343.43m^3/s，4 台	
		一次风机：动叶可调轴流式，风量 75.4m^3/s，4 台	
		双室五电场静电除尘器，4 台	
		烟风煤管道	
		主汽管道（P91），再热热段（P91），再热冷段（A672B70CL32），主给水管道（15NiCuMoNb5–6–4）	
	B. 贫煤	其中：建筑工程费 12 277 万元，设备购置费 35 955 万元，安装工程费 17 364 万元，材差 –2723 万元	62 872

续表

序号	模块名称	技术条件	造价合计（万元）
一	B. 贫煤	汽机纵向，机头朝向扩建端，主厂房钢筋混凝土结构，汽机房跨度 27m，除氧间跨度 9m，煤仓间跨度 13m，炉前跨 7m，柱距 12m，厂房长 147.5m，运转层标高 12.6m；汽机房厂房体积 138 355m^3、除氧间体积 44 250m^3、煤仓间体积 96 465m^3、炉前封闭体积 11 151m^3、锅炉运转层以下封闭体积 33 012m^3	
		1025t/h，贫煤炉，2 台	
		钢球磨煤机 8 台，MG3570 型，热风送粉	
		送风机：动叶可调轴流式，Q=451 835m^3/h，4 台	
		引风机：静叶可调轴流式，Q=1 027 440m^3/h，4 台	
		一次风机：单吸双支承离心式，Q=169 551m^3/h，4 台	
		双室五电场静电除尘器，4 台	
		烟风煤管道	
		主汽管道（P91），再热热段（P22），再热冷段（A672B70CL32），主给水管道（15NiCuMoNb5–6–4）	

续表

序号	模块名称	技 术 条 件	造价合计（万元）
一	C. 褐煤	其中：建筑工程费 13 075 万元，设备购置费 39 704 万元，安装工程费 18 647 万元，材差 –3615 万元	67 812
		汽机纵向，机头朝向固定端，汽机房跨度 32m，煤仓间跨度 11m（柱中心线间距），炉前跨 6.5m，柱距 9m。厂房长 136.2m，运转层标高 12.6m；主厂房钢筋混凝土结构，汽机房厂房体积 136 989m^3、煤仓间体积 71 684m^3、炉前封闭体积 10 541m^3；锅炉运转层以下封闭体积 51 858m^3	
		1100t/h，褐煤炉，2 台	
		中速磨煤机 12 台，HP863 型，2 台备用	
		送风机动叶可调轴流式 403 200，4 台	
		引风机静叶可调轴流式 Q=1 170 000m^3/h，4 台	
		一次风机，离心式，4 台	

续表

序号	模块名称	技 术 条 件	造价合计（万元）
一	C. 褐煤	双室五电场静电除尘器，4 台	
		烟风煤管道	
		主汽管道（P91），再热热段（P91），再热冷段（A672B70CL32），主给水管道（WB36）	
	D. 无烟煤	其中：建筑工程费 11 611 万元，设备购置费 41 851 万元，安装工程费 18 277 万元，材差 –2955 万元	68 783
		汽机纵向布置，机头朝向固定端，主厂房为钢筋混凝土结构，锅炉露天布置，汽机房跨度 27m，除氧间跨度 9m，煤仓间跨度 13m，炉前跨度 9m，厂房为不等柱距（10m、12m），长 148.2m，C 排至烟囱距离 129.03m，运转层标高 12.6m；汽机房厂房体积 133 741m^3、除氧间体积 47 000m^3、煤仓间体积 79 929m^3、炉前封闭体积 10 886m^3、锅炉运转层以下封闭体积 48 969m^3	
		1025t/h，W 火焰炉，2 台	

续表

序号	模块名称	技术条件	造价合计（万元）
一	D. 无烟煤	双进双出钢球磨煤机，D–10D 型，8 台	
		送风机动叶可调轴流式，Q=165m^3/s，4 台	
		引风机静叶可调轴流式，Q=313m^3/s，4 台	
		一次风机单吸双支承离心式，Q=55.2m^3/s，4 台	
		双室五电场静电除尘器，4 台	
		烟风煤管道	
		主汽管道（P91），再热热段（P22），再热冷段（A672B70CL32），主给水管道（15NiCuMoNb5–6–4）	
		每台机组增加：DCS 600 点；电动执行器 31 台；变送器增加 40 台；热电耦 50 只；风量测量装置 15 个；控制电缆 22km 等	
		减少 6kV 的 F–C 双回路开关柜 2 面	

续表

序号	模块名称	技术条件	造价合计（万元）
一	2. CFB 锅炉机组		
	热机范围	设备范围：包括锅炉系统设备，除灰渣系统到渣斗和灰库之前的设备，不包括灰渣运输车；工程量范围：包括烟风煤管道，高压管道和相关保温（包括锅炉本体保温含砌筑、烟风煤管道保温、电除尘保温、高压汽水管道保温；不包括汽轮发电机组本体保温和中低压汽水管道保温）	
	A. 常规机组	其中：建筑工程费 12 040 万元，设备购置费 39 649 万元，安装工程费 20 142 万元，材差 –3350 万元	68 481
		汽机纵向，机头朝向固定端，汽机房跨度 30m，煤仓间跨度 11.5m（柱中心线间距），炉前跨 7.2m，柱距 9m。厂房长 145.5m，运转层标高 12.6m；主厂房钢筋混凝土结构，汽机房厂房体积 141 711m^3、煤仓间体积 63 949m^3、炉前封闭体积 9798m^3；锅炉运转层以下封闭体积 45 128m^3	

续表

序号	模块名称	技术条件	造价合计（万元）
一	A. 常规机组	1200t/h，亚临界，烟煤炉，2台	
		中速磨煤机 10 台，ZGM95N–I 型	
		送风机：动叶可调轴流式，Q=139.95m³/s，4 台	
		引风机：静叶可调轴流式，Q=43.43m³/s，4 台	
		一次风机：动叶可调轴流式，Q=75.4m³/s	
		电除尘器：双室五电场，共4台	
		电子称重给煤机 F55，出力 5～55t/h，10 台	
		烟风煤管道	
		主汽管道（P91），再热热段（P91），再热冷段（A672B70CL32），主给水管道（15NiCuMoNb5–6–4）	
		灰渣分除，干灰集中至灰库，范围为除尘器灰斗法兰至灰库卸料设备出口，输送距离380m，单台炉除灰系统出力 50t/h，双室四电场电除尘器	

续表

序号	模块名称	技术条件	造价合计（万元）
一	A. 常规机组	干式排渣机后接斗式提升机输送至渣仓，范围为锅炉炉灰斗水封插板出口至渣仓卸料设备出口，干式排渣机出力12～30t/h；电瓶叉车运输石子煤	
	B. CFB锅炉机组	其中：建筑工程费13 820万元，设备购置费42 500万元，安装工程费22 495万元，材差–3704万元	75 111
		汽轮机纵向，机头朝向固定端，主厂房为钢筋混凝土结构，汽轮机房厂房体积136 505m³、除氧间煤仓间体积93 756m³、炉前封闭体积10 826m³、锅炉运转层以下封闭体积59 856m³	
		1170t/h，超临界循环流化床自然循环褐煤炉，2台	
		一次风机：离心式，Q=113.4m³/s，4台	
		送风机：离心式，Q=103.3m³/s，4台	
		引风机：动叶可调轴流式，Q=343.8m³/s，4台	

续表

序号	模块名称	技 术 条 件	造价合计（万元）
一	B. CFB锅炉机组	高压流化风机：多级离心式，Q=4.61m^3/s	
		电除尘器：双室五电场，共4台	
		烟风煤管道重量1594t	
		主汽管道（P91），再热热段（P91），再热冷段（A672B70CL32），主给水管道（15NiCuMoNb5–6–4）	
		电子称重式给煤机（用于给煤）Q=4～40t/h	
		电子称重式给煤机（用于启动床料）Q=3～30t/h	
		外购石灰石粉，厂内石灰石粉气力输送，输送器出力15t/h，共4台	
		增加6kV开关柜2台（F–C回路，单柜），6kV电缆1000m；增加0.4kV开关柜16台，低压动力电缆8000m；增加630kVA低压变压器两台；增加控制电缆4000m，计算机电缆6000m，就地事故按钮盒12只	

续表

序号	模块名称	技术条件	造价合计（万元）
一	B. CFB锅炉机组	每台炉：减少DCS约600点（考虑CFB炉DCS逻辑组态软件费用比基本方案高，DCS价格与基本方案价格持平）；增加炉底渣纳入DCS控制；增加1套烟气 SO_2 检测仪；减少计算机电缆25km等工程量；火检、风量测量等其他仪表与控制设备量的增加与减少基本持平；设汽包水位工业电视系统1套和烟气连续监测系统（CEMS）	
	3. 机型		
	热机范围	模块范围包括汽轮机本体、排汽装置（如果有）、凝汽器（如果有）、低压加热器、给水泵、凝结水泵、机械真空泵和胶球清洗装置（如果有）、热网首站设备和管道、采暖抽汽管道、厂区供热管道（到厂区围墙外1m）	
	A. 湿冷供热机组	其中：建筑工程费700万元，设备购置费22 266万元，安装工程费2915万元，材差0万元	25 881
		超临界、单抽凝汽式，额定采暖抽汽量为550t/h；2台	

续表

序号	模块名称	技术条件	造价合计（万元）
一	A. 湿冷供热机组	8级回热系统，2套	
		给水泵：2×50%汽泵+1×50%电泵，2套	
		凝结水泵：3×50%，2套	
		机械真空泵：2台出力51kg/h，2套	
		不锈钢管凝汽器，2台	
		凝汽器胶球清洗，2套	
		热网首站汽机房A列外毗屋布置，体积16 969m^3	
		热网加热器，有效换热面积2750m^2，4台，额定换热量：175MW，最大换热量：190MW	
		热网循环水泵Q=4100m^3/h，扬程H：150m，4台	
		热网疏水泵　Q=315m^3/h，扬程H：170m，2×3台	
		热网补水除氧器200t/h，1台	
		热网补水除氧水箱50m^3，1台	
		热网补水泵210m^3/h，扬程：25m，2台	

续表

序号	模块名称	技 术 条 件	造价合计（万元）
一	A. 湿冷供热机组	热网定压泵：190m^3/h，扬程：34m，1 台	
		热网循环泵入口滤网 4200m^3/h，4 台	
		6kV 热网水泵由主厂房 6kV 厂用电系统供电，增加 12 面 6kV 开关柜和 2km 的 6kV 电缆	
		厂内热网首站纳入机组 DCS 公用网络	
		厂区热网管道：蒸汽/热水管道规格 2×DN1200/DN1200、长度：每台机组蒸汽管道 120m，厂房内每台机组热网循环水管道长度 145m，厂区管道 305m，热网管道至厂区围墙外 1m	
	B. 湿冷纯凝机组	其中：建筑工程费 0 万元，设备购置费 18 742 万元，安装工程费 1349 万元，材差 0 万元	20 091
		350MW 纯凝汽机，2 台	
		8 级回热系统，2 套	
		给水泵：2×50%汽泵+1×30%电泵，2 套	

续表

序号	模块名称	技术条件	造价合计（万元）
一		凝结水泵：2×100%，2套	
		机械真空泵：2台出力51kg/h，2套	
		不锈钢管凝汽器，2台	
		凝汽器胶球清洗，2套	
	C. 空冷纯凝机组	其中：建筑工程费0万元，设备购置费16 570万元，安装工程费1080万元，材差0万元	17 650
		350MW直接空冷汽机，2台	
		7级回热系统，2套	
		给水泵：3×50%容量电动调速给水泵，2套	
		凝结水泵：2×100%，2套	
		机械真空泵：3台出力75kg/h，2套	
		排汽装置，2套	
	4. 旁路配置		
	A. 简化电动旁路，30% BMCR流量	其中：建筑工程费0万元，设备购置费603万元，安装工程费273万元，材差–116万元	760
		两级串联，国产	

续表

序号	模块名称	技 术 条 件	造价合计（万元）
一	B. 不设旁路	其中：建筑工程费 0 万元，设备购置费 0 万元，安装工程费 67 万元，材差–15 万元	52
	C. 简化功能国产电动旁路，15% BMCR 流量	其中：建筑工程费 0 万元，设备购置费 261 万元，安装工程费 313 万元，材差–61 万元	513
		简化功能国产旁路，15%BMCR 流量	
	5. 锅炉封闭情况		
	A. 紧身封闭	金属保温墙板；自然进风，屋顶通风器排风	1135
	B. 露天		
	6. 锅炉真空清扫系统		
	A. 一台真空清扫车	75HP，风量 $3000m^3/h$，真空度 51kPa，两台炉各平台的吸尘管道以及煤仓间的吸尘管道	132
	B. 1 台固定式真空吸尘装置	75HP，风量 $2750m^3/h$，真空度 61kPa，灰斗容量 $3m^3$，两台炉各平台的吸尘管道以及煤仓间的吸尘管道	123

续表

<table>
<tr><th>序号</th><th>模块名称</th><th>技 术 条 件</th><th>造价合计（万元）</th></tr>
<tr><td rowspan="9">一</td><td colspan="3">7. 烟囱</td></tr>
<tr><td rowspan="4">A. 钢筋混凝土外筒、钛钢复合板单内筒套筒内结构烟囱</td><td>其中：建筑工程费 2759 万元，设备购置费 0 万元，安装工程费 0 万元，材差–345 万元</td><td>2414</td></tr>
<tr><td>210m/ϕ7m</td><td rowspan="3"></td></tr>
<tr><td>钢筋混凝土基础 1620m^3，钢筋混凝土结构外筒壁 4500m^3，钛钢复合板内筒 500t</td></tr>
<tr><td>对应于脱硫系统不设置 GGH 装置机组</td></tr>
<tr><td rowspan="4">B. 钢筋混凝土外筒、单耐硫酸露点腐蚀钢板内筒套筒式结构烟囱，内筒内喷涂烟囱专用防腐涂料</td><td>其中：建筑工程费 2535 万元，设备购置费 0 万元，安装工程费 0 万元，材差–318 万元</td><td>2217</td></tr>
<tr><td>210m/ϕ7m</td><td rowspan="3"></td></tr>
<tr><td>钢筋混凝土基础 1620m^3，钢筋混凝土结构外筒壁 4500m^3，耐硫酸腐蚀钢板内筒 500t，内筒防腐涂料 5900m^2</td></tr>
<tr><td>对应于脱硫系统不设置 GGH 装置机组</td></tr>
</table>

续表

序号	模块名称	技术条件	造价合计（万元）
一	C. 钢筋混凝土外筒、单耐硫酸露点腐蚀钢板内筒套筒式结构烟囱，内筒内粘贴硼硅泡沫玻璃砖	其中：建筑工程费 2467 万元，设备购置费 0 万元，安装工程费 0 万元，材差–318 万元	2149
		210m/ϕ7m	
		钢筋混凝土基础 1620m^3，钢筋混凝土结构外筒壁 4500m^3，Q235 钢内筒 500t，内筒粘贴硼硅泡沫玻璃砖	
		对应于脱硫系统不设置 GGH 装置机组	
	D. 钢筋混凝土外筒、玻璃钢单内筒套筒式结构烟囱	其中：建筑工程费 2733 万元，设备购置费 0 万元，安装工程费 0 万元，材差–300 万元	2433
		210m/ϕ7m	
		钢筋混凝土基础 1620m^3，钢筋混凝土结构外筒壁 4500m^3，20mm 厚玻璃钢内筒 5900m^2	
		对应于脱硫系统不设置 GGH 装置机组	

续表

序号	模块名称	技　术　条　件	造价合计（万元）
一	E. 钢筋混凝土外筒、单密实型整体浇筑料内筒套筒式结构烟囱	其中：建筑工程费1792万元，设备购置费 0 万元，安装工程费 0 万元，材差–177 万元	1616
		210m/ϕ7m	
		钢筋混凝土基础 1620m^3，钢筋混凝土结构外筒壁 4500m^3，200mm 厚密实型整体浇筑料内筒 5900m^2	
		对应于脱硫系统不设置 GGH 装置机组	
	F. 钢筋混凝土单耐酸砖套筒烟囱	其中：建筑工程费1549万元，设备购置费 0 万元，安装工程费 0 万元，材差–177 万元	1372
		210m/ϕ7m	
		钢筋混凝土基础 1620m^3，钢筋混凝土外筒壁 4500m^3，内筒为耐酸胶泥砌筑耐酸砖 1250m^3	
		对应于 FGD 设置 GGH 装置机组	

续表

<table>
<tr><th>序号</th><th>模块名称</th><th>技　术　条　件</th><th>造价合计（万元）</th></tr>
<tr><td rowspan="4">一</td><td colspan="3">1. 主厂房布置</td></tr>
<tr><td>热机范围</td><td>包括锅炉本体，制粉系统，烟风煤管道，锅炉其他辅机，汽轮机及发电机本体、汽轮机发电机辅助设备、旁路系统、除氧给水系统、汽机其他辅机，汽水管道和相关保温（包括锅炉本体保温含砌筑、烟风煤管道保温、汽水管道保温，锅炉及汽机辅机保温）</td><td></td></tr>
<tr><td rowspan="2">A. 前煤仓</td><td>其中：建筑工程费 11 248 万元，设备购置费 69 934 万元，安装工程费 25 153 万元，材差–3460 万元</td><td>102 876</td></tr>
<tr><td>主厂房布置为三列式：即汽机房、煤仓间和锅炉房，集中控制楼布置在两炉之间。汽机纵向，机头朝向固定端，汽机房跨度 30m，煤仓间跨度 11.5m（柱中心线间距），炉前跨 7.2m，柱距 9m。厂房长 145.5m，运转层标高 12.6m；主厂房钢筋混凝土结构，汽机房厂房体积 141 711m^3、煤仓间体积 63 949m^3、炉前封闭体积 9798m^3；锅炉运转层以下封闭体积 45 128m^3，集控楼 16 323m^3；热网加热站 16 969m^3；主厂房体积 293 877m^3</td><td></td></tr>
</table>

续表

序号	模块名称	技　术　条　件	造价合计（万元）
一	A. 前煤仓	超临界，烟煤炉，1200t/h，2 台	
		中速磨煤机 10 台，ZGM95N–I	
		烟风煤管道（1950t）	
		超临界、单抽凝汽式汽轮机，额定抽汽量为 550t/h，2 台	
		汽动给水泵，637m^3/h，3213mH_2O，50%流量，4 台	
		凝结水泵：2×100%	
		8 级回热系统	
		3×50%容量的真空泵	
		主汽管道（P91）；再热热段（P91）；再热冷段（A672B70CL32）；主给水管道（15NiCuMoNb5–6–4），（810t）	
		煤仓层皮带 *B*=1200mm，280m	
	B. 侧煤仓	其中：建筑工程费 9252 万元，设备购置费 69 938 万元，安装工程费 26 280 万元，材差–3209 万元	102 260

续表

序号	模块名称	技术条件	造价合计（万元）
一	B. 侧煤仓	汽机纵向，机头朝向固定端，主厂房钢筋混凝土结构，汽机房跨度 27m，煤仓间跨度 9m，侧煤仓间跨度 15m（柱中心线间距），厂房长 136.2m，汽机运转层标高 13.7m。汽机房厂房体积 119 700m^3，除氧间体积 48 266m^3，侧煤仓间体积 33 127m^3，侧煤仓与锅炉之间部分 14 979m^3，锅炉运转层以下封闭体积 57 233m^3，炉前运转层以下 5726m^3，转运站体积 4057m^3	
		超临界，烟煤炉，1200t/h，2台	
		中速磨煤机 10 台，ZGM95N–I	
		烟风煤管道（1950t）	
		超临界、单抽凝汽式汽轮机，额定抽汽量为 550t/h，2 台	
		汽动给水泵，637m^3/h，3213mH_2O，50%流量，4 台	
		凝结水泵：2×100%	

续表

序号	模块名称	技 术 条 件	造价合计（万元）
一	B. 侧煤仓	8级回热系统	
		3×50%容量的真空泵	
		主汽管道（P91）；再热热段（P91）；再热冷段（A672B70CL32）；主给水管道（15NiCuMoNb5-6-4），（810t）	
		煤仓层皮带 B=1200mm，240m	
二	燃料供应系统		
	1. 厂内输煤	各模块的设计范围从卸煤点受卸设施起至主厂房原煤仓（不含原煤仓，含原煤仓料位信号）配煤点止，包括全部的工艺设备（含暖通、水工）、建（构）筑物（煤仓间和煤仓间端部转运站除外）和辅助生产设施；电控设备、煤泥沉淀池、煤水净化系统、输煤综合楼、推煤机库进入基本技术方案，不进入模块	
	A. 全部铁路敞车运煤进厂	其中：建筑工程费 12 560 万元，设备购置费 4873 万元，安装工程费 590 万元，材差 0 万元	18 023

续表

序号	模块名称	技术条件	造价合计（万元）
二	A. 全部铁路敞车运煤进厂	不含铁路配线（由主体设计院总图专业考虑）	
		翻车机室土建部分按 2 台翻车机一次建成，本期安装单车翻车机及其调车系统 1 套；1 重 1 空 1 走行；（二期 2×350MW 机组增设 1 套翻车机，1 重 1 空）	
		活化给煤机 Q=500～800t/h	
		动态轨道衡 1 台，火车取样机 1 台	
		煤场容量 2×350MW 机组 10 天耗煤量	
		斗轮堆取料机 1500/1000t/h，臂长 35m，折返式，1 台	
		推煤机 2 台，装载机 1 台	
		卸煤胶带机 B=1400mm，Q=1500t/h，单、双路设置；胶带机总长 L=1166m，上煤胶带机 B=1200mm，Q=1000t/h，单、双路设置；胶带机总长 L=1306m	
		滚轴筛 Q=1000t/h，2 台	
		环锤式碎煤机 Q=800t/h，2 台	

续表

序号	模块名称	技术条件	造价合计（万元）
二	B. 全部铁路底开车运煤进厂	其中：建筑工程费 7417 万元，设备购置费 5598 万元，安装工程费 791 万元，材差 0 万元	13 805
		与 A 模块的差别在于卸煤设施、煤场容量、斗轮机台数、卸煤系统的出力；不含铁路配线（由主体设计院总图专业考虑）	
		双线 10 车位底开车卸煤沟，有效长 156m 底开车 50 辆（卸煤沟二期不再扩建）	
		叶轮给煤机 Q=350～1000t/h，4 台	
		动态轨道衡 1 台，火车取样机 1 台	
		煤场容量 2×350MW 机组 10 天耗煤量	
		斗轮堆取料机 1000/1000t/h，臂长 30m，折返式，1 台	
		推煤机 2 台，装载机 1 台（二期 2×350MW 机组增设 1 台斗轮机）	

续表

序号	模块名称	技术条件	造价合计（万元）
二		运煤胶带机 B=1200mm，V=2.5m/s，Q=1000t/h，双路；胶带机总长 L=1900m	
		滚轴筛 Q=1000t/h，2 台	
		环式碎煤机 Q=800t/h，2 台	
	C. 全部汽车运煤进厂	其中：建筑工程费 6408 万元，设备购置费 3212 万元，安装工程费 421 万元，材差 0 万元	10 041
		与 A 模块的差别在于卸煤设施、煤场容量、斗轮机台数、卸煤系统的出力；不含厂内外运煤道路（由主体设计院总图专业考虑）	
		12 车位汽车卸煤沟，有效长 72m（二期 2×350MW 机组增设卸煤沟延长 8 个车位）	
		叶轮给煤机 Q=350～1000t/h，4 台	
		50t 汽车衡 4 台，汽车取制样机 3 台	

续表

序号	模块名称	技　术　条　件	造价合计（万元）
		煤场容量2×350MW机组10天耗煤量；斗轮堆取料机1000/1000t/h，臂长30m，折返式，1台；推煤机2台，装载机1台（二期2×350MW机组增设1台斗轮机）	
		运煤胶带机 B=1200mm，V=2.5m/s，Q=1000t/h，双路；胶带机总长 L=1800m	
		滚轴筛 Q=1000t/h，2台；环式碎煤机 Q=800t/h，2台	
二	D. CFB机组，全部汽车运煤进厂，设混煤筒仓	其中：建筑工程费10 048万元，设备购置费6480万元，安装工程费462万元，材差0万元	16 990
		按2×350MW CFB机组容量考虑，不考虑机组扩建；与A模块的差别在于卸煤设施、煤场容量、斗轮机台数、卸煤系统的出力；增设二级细碎设施；不含厂内外运煤道路	
		20车位汽车卸煤沟，有效长121.6m	

续表

序号	模块名称	技术条件	造价合计（万元）
二		叶轮给煤机 Q=350～1000t/h，4台	
		50t汽车衡6台，汽车取制样机4台	
		煤场容量2×350MW CFB机组10天耗煤量	
		斗轮堆取料机1000/1000t/h，臂长30m，折返式，1台	
		推煤机2台，装载机2台	
		3座ϕ15m×3000t筒仓，环式给煤机 Q=350～1000t/h，3台	
		运煤胶带机 B=1200mm，V=2.5m/s，Q=1000t/h，双路；胶带机总长 L=2600m	
		原煤仓配煤方式采用犁煤器方案	
		一级筛碎	
		滚轴筛 Q=1000t/h，2台	
		环式碎煤机 Q=800t/h，2台	
		二级细碎	

续表

序号	模块名称	技 术 条 件	造价合计（万元）
二		活化给煤机 Q=600t/h，4 台	
		匀料装置 Q=600t/h，4 台	
		环锤式细碎机 Q=600t/h，4 台	
	E. CFB 机组，全部汽车运煤进厂，不设混煤筒仓	其中:建筑工程费 8740 万元，设备购置费 6841 万元，安装工程费 496 万元，材差 0 万元	15 807
		按 2×350MW CFB 机组容量考虑，不考虑机组扩建；与 A 模块的差别在于卸煤设施、煤场容量、斗轮机台数、运煤系统的出力；增设二级细碎设施；与 D 模块的差别在于没有混煤筒仓；不含厂内外运煤道路	
		20 车位汽车卸煤沟，有效长 121.6m	
		叶轮给煤机 Q=300～800t/h，4 台	
		50t 汽车衡 6 台，汽车取制样机 4 台	
		煤场容量 2×350MW CFB 机组 10 天耗煤量	

续表

序号	模块名称	技术条件	造价合计（万元）
二		斗轮堆取料机 800/800t/h，臂长 30m，折返式，1 台；斗轮取料机 800t/h，臂长 30m，折返式，1 台；斗轮堆取料机和斗轮取料机同轨布置，煤场设备各对应一条煤场皮带机	
		推煤机 2 台，装载机 2 台	
		运煤胶带机 B=1200mm，V=2.0m/s，Q=800t/h，双路；胶带机总长 L=1080m	
		原煤仓配煤方式采用犁煤器方案	
		一级筛碎	
		滚轴筛 Q=800t/h，2 台	
		环式碎煤机 Q=500t/h，2 台	
		二级细碎	
		活化给煤机 Q=500t/h，4 台	
		匀料装置 Q=500t/h，4 台	
		环锤式细碎机 Q=500t/h，4 台	

续表

序号	模块名称	技 术 条 件	造价合计（万元）
二	2. 煤场		
	A. 条形煤场	其中：建筑工程费 2953 万元，设备购置费 1311 万元，安装工程费 70 万元，价差 0 万元	4333
		从进入煤场的胶带机开始，至出煤场胶带机终止，此范围内的全部工艺、土建费用，不包括桩基处理费用	
		煤场为封闭条形煤场，容量为 2×350MW 机组 15 天耗煤量；厂度为 200m，宽度 100m	
		斗轮堆取料机堆料出力 1500t/h，取料出力 1000t/h，臂长 35m，1 台	
		卸煤胶带机 B=1400mm，Q=1500t/h，单、双路设置；胶带机总长 L=628m，上煤胶带机 B=1200mm，Q=1000t/h，单、双路设置；胶带机总长 L=146m，原煤仓配煤方式采用犁煤器方案	
		推煤机 2 台，装载机 1 台	

续表

序号	模块名称	技 术 条 件	造价合计（万元）
二	B. 圆形煤场	其中：建筑工程费 7103 万元，设备购置费 1874 万元，安装工程费 83 万元，价差 0 万元	9060
		从进入两座煤场的胶带机开始，至出煤场胶带机终止，此范围内的全部工艺、土建费用，包括转运站，不包括桩基处理费用	
		煤场直径 110m，分离式现浇钢筋混凝土挡煤墙，屋面钢网架结构，压型钢板围护	
		单仓贮量万吨，煤场容量 2×350MW 机组 15 天耗煤量	
		悬臂式圆形堆取料机（堆料 1500t/h，臂长 38m；取料 1000t/h）1 台	
		卸煤胶带机 B=1400mm，Q=1500t/h，单、双路设置；胶带机总长 L=220m，上煤胶带机 B=1200mm，Q=1000t/h，单、双路设置；胶带机总长 L=220m	
		活化给煤机 Q=1000t/h 4 台	
		推煤机 2 台，装载机 2 台	

续表

序号	模块名称	技 术 条 件	造价合计（万元）
三	除灰系统		
	1. 厂内除灰		
	A. 干灰集中至灰库	其中：建筑工程费 1285 万元，设备购置费 1041 万元，安装工程费 254 万元，材差 0 万元	2580
		正压气力除灰系统（灰斗法兰至灰库卸料设备出口、除灰控制系统），单台炉气力除灰系统出力 50t/h，输送距离 380m，双室四电场电除尘器	
		输送空压机 $43m^3/min$，4 台	
		灰库 D=12m，$V_{(有效)}=1800m^3$，3 座	
		气力除灰管道，4 根 DN200，2 根 DN125	
		湿式搅拌机 150t/h，3 台	
		干灰卸料机 150t/h，5 台	
	B. 干灰集中至灰库，高浓度水力输送	其中：建筑工程费 1581 万元，设备购置费 1300 万元，安装工程费 971 万元，材差 0 万元	3852

续表

序号	模块名称	技术条件	造价合计（万元）
三		正压气力除灰系统（灰斗法兰至灰库顶部设备、除灰控制系统），单台炉气力除灰系统出力 60t/h，输送距离 400m，双室四电场电除尘器	
		输送空压机，43m³/min，4 台	
		灰库 D=12m，$V_{(有效)}$=1000m³，3 座	
		气力除灰管道，4 根 DN200，2 根 DN125	
		干灰制浆设备 40t/h，6 台	
		干灰散装机 100t/h，3 台	
		串联离心泵 Q=380m³/h，4 台	
		厂内除灰管 2 根 DN300，100m（泵房外 1m）	
	2. 厂内除渣		
	A. 机械除渣直接至渣仓，电瓶叉车运输石子煤	其中：建筑工程费 207 万元，设备购置费 987 万元，安装工程费 119 万元，材差 0 万元	1313
		干式排渣机后接斗式提升机输送至渣仓的除渣系统（含控制系统）	

续表

序号	模块名称	技术条件	造价合计（万元）
三		MAC干式排渣机6～12t/h，2台；斗式提升机30t/h，4台	
		渣仓（露天）200m^3，2台	
		电瓶叉车2t，3台	
	B.水力除渣至脱水仓，电瓶叉车运输石子煤	其中：建筑工程费904万元，设备购置费952万元，安装工程费567万元，材差0万元	2422
		刮板捞渣机＋水力除渣至脱水仓的除渣系统（含控制系统）	
		刮板捞渣机，长度30m，出力7～30t/h，2台	
		碎渣机2台，40t/h	
		渣浆泵180m^3/h，4台	
		回水泵170m^3/h，3台	
		高效浓缩机ϕ8m，2台	
		脱水仓ϕ10m，2台	
		厂内输渣管（钢管），4根DN200，600m	
		电瓶叉车2.5t，2台	

续表

序号	模块名称	技术条件	造价合计（万元）
三	C. 风冷式排渣机，斗式提升机输送至渣仓，电瓶叉车运输石子煤	其中：建筑工程费 76 万元，设备购置费 1235 万元，安装工程费 80 万元，材差 0 万元	1391
		风冷式排渣机＋斗式提升机输送系统（含控制系统）	
		风冷式排渣机（含渣井、关断门），宽度 1000mm，连续出力 6t/h，最大出力 12t/h，排渣温度 150℃以下，2 台	
		碎渣机 25t/h，2 台	
		斗式提升机 25t/h，2 台	
		渣仓（露天）200m^3，2 台	
		装车机 100t/h，4 台	
		电瓶叉车 2.5t，2 台	
	D. 风冷式排渣机，负压气力输送至渣仓，电瓶叉车运输石子煤	其中：建筑工程费 181 万元，设备购置费 1493 万元，安装工程费 289 万元，材差 0 万元	1964
		风冷式输渣机＋负压气力输送系统（含控制系统）	
		风冷式排渣机（含渣井、关断门），宽度 1000mm，连续出力 6t/h，最大出力 12t/h，排渣温度 150℃以下，2 台	

续表

序号	模块名称	技 术 条 件	造价合计（万元）
三		一级碎渣机 25t/h，2 台	
		缓冲仓 $8m^3$，2 台	
		二级碎渣机 30t/h，2 台	
		负压气力集中系统（含渣仓顶部除尘器、真空释放阀等），出力 16t/h，输送距离 170m，输送管道 4 根 DN250	
		负压风机 $91m^3$/min、–49kPa，4 台	
		渣仓（露天）$400m^3$，1 台	
		装车机 100t/h，2 台	
		电瓶叉车 2.5t，2 台	
	3. 厂外除灰		
	A. 汽车运灰渣	其中：建筑工程费 741 万元，设备购置费 272 万元，安装工程费 0 万元，材差 0 万元	1013
		运灰公路 5km，20 级路面，路面宽 7m，路基宽 8.5m，每 1km 设 25m 缓冲带（宽 12m），占地 60 亩；17t 自卸汽车，6 辆，2 个车位检修车库 $150m^2$	

续表

序号	模块名称	技术条件	造价合计（万元）
三	B. 高浓度水力除灰，汽车运渣	其中：建筑工程费918万元，设备购置费181万元，安装工程费2687万元，材差0万元	3786
		除灰管2根DN300，10km；灰水回水管1根ϕ325，10km，17t自卸汽车，4辆，检修车库150m^2	
四	水处理系统		
	1. 锅炉补给水处理系统		
	A. 反渗透系统	其中：建筑工程费0万元，设备购置费1293万元，安装工程费452万元，材差0万元	1745
		3×65t/h超滤、反渗透加2×80t/h一级除盐、混床系统，不含超滤前的预处理，含酸碱系统、废水泵及除盐水箱等	
	B. 无反渗透系统	其中：建筑工程费0万元，设备购置费463万元，安装工程费328万元，材差0万元	791
		过滤加一级除盐加混床系统，净出力为70～90t/h	

续表

序号	模块名称	技术条件	造价合计（万元）
四	2. 热网补充水处理系统		
	A. 反渗透系统	无	
	B. 反渗透系统	其中：建筑工程费 0 万元，设备购置费 6 万元，安装工程费 546 万元，材差 0 万元	552
		采用超滤加一级反渗透出水，处理量为 2×50t/h	
	C. 钠离子软化系统	其中：建筑工程费 0 万元，设备购置费 44 万元，安装工程费 32 万元，材差 0 万元	76
		处理量为 2×100t/h	
	3. 循环水稳定处理系统		
	A. 加药处理	其中：建筑工程费 0 万元，设备购置费 43 万元，安装工程费 25 万元，材差 0 万元	69
		加酸加稳定剂	
	B. 弱酸处理	其中：建筑工程费 0 万元，设备购置费 413 万元，安装工程费 341 万元，材差 0 万元	754
		过滤加双流弱酸离子交换器方案；处理水量 800t/h	

续表

序号	模块名称	技术条件	造价合计（万元）
四	4. 电厂循环水加氯系统		
	A. 化学法制二氧化氯	其中：建筑工程费 0 万元，设备购置费 60 万元，安装工程费 11 万元，材差 0 万元	71
		2×10kg/h	
	B. 电解海水	其中：建筑工程费 0 万元，设备购置费 403 万元，安装工程费 17 万元，材差 0 万元	420
		电解海水系统（1×90kg/h），边界条件为：电解制氯间墙中心线外 1m 处，含工艺设备及管道、阀门，制氯间内的电气及控制设备等	
	C. 电解食盐制氯	其中：建筑工程费 0 万元，设备购置费 81 万元，安装工程费 12 万元，材差 0 万元	93
		电解食盐制氯（2×5kg/h），边界条件为：电解制氯间墙中心线外 1m 处，含工艺设备及管道、阀门，制氯间内的电气及控制设备等	

续表

序号	模块名称	技术条件	造价合计（万元）
四	5. 凝结水精处理		
	A. 3×50%的高速混床	其中：建筑工程费 0 万元，设备购置费 1007 万元，安装工程费 291 万元，材差 0 万元	1298
		2 机合用 1 套再生系统；含树脂、阀门、电气控制	
	B. 2×50%的高速混床	其中：建筑工程费 0 万元，设备购置费 1007 万元，安装工程费 12 万元，材差 0 万元	1019
		适用于空冷机组，2 机合用 1 套再生系统，含树脂、阀门、电气控制	
	C. 2×100%粉末树脂覆盖过滤系统	其中：建筑工程费 0 万元，设备购置费 574 万元，安装工程费 3 万元，材差 0 万元	577
		适用于空冷机组，1 机 1 套铺膜系统，含电气控制及 1 年的树脂粉	

续表

<table>
<tr><th>序号</th><th>模块名称</th><th>技 术 条 件</th><th>造价合计（万元）</th></tr>
<tr><td rowspan="11">四</td><td colspan="3">6. 城市污水处理厂再生水（中水）深度处理</td></tr>
<tr><td rowspan="5">A. 石灰凝聚、澄清、过滤处理（无除气装置，无曝气生物滤池）</td><td>其中：建筑工程费 2033 万元，设备购置费 1511 万元，安装工程费 201 万元，材差 0 万元</td><td>3744</td></tr>
<tr><td>处理水量：1300～1500t/h</td><td rowspan="4"></td></tr>
<tr><td>设计界限：污水深度处理站界区中心线 1m 处，包括加消石灰、加凝聚剂、加氯、加硫酸 pH 调整系统，以及污泥浓缩池、脱水机，无除气装置及生物滤池；澄清池不封闭</td></tr>
<tr><td>处理后做循环水补充水及全厂工业用水、锅炉补给水水源</td></tr>
<tr><td>污水处理厂至电厂管道投资另计</td></tr>
<tr><td rowspan="4">B. 前置处理加微滤或超滤</td><td>其中：建筑工程费 120 万元，设备购置费 806 万元，安装工程费 62 万元，材差 0 万元</td><td>987</td></tr>
<tr><td>处理水量：400t/h，过滤膜采用压力式微滤膜</td><td rowspan="3"></td></tr>
<tr><td>处理后仍需软化或除盐做循环水补充水及全厂工业用水、锅炉补给水水源</td></tr>
<tr><td>污水处理厂至电厂管道投资另计</td></tr>
</table>

续表

序号	模块名称	技术条件	造价合计（万元）
四	C. 前置处理加微滤或超滤	其中：建筑工程费 68 万元，设备购置费 463 万元，安装工程费 38 万元，材差 0 万元	569
		处理水量 200t/h，其余条件同模块 B	
	D. 无中水处理		
五	供水系统		
	A. 二次循环：采用中水	其中：建筑工程费 8989 万元，设备购置费 1177 万元，安装工程费 4425 万元，材差 0 万元	14 591
		扩大单元制，压力水管 2×DN2400，焊接钢管，管线总长 L=1800m	
		主厂房循环水管道 DN2400	
		5000m^2 逆流式自然通风冷却塔 2 座，考虑防冻措施	
		循环水泵 4 台（立式斜流泵）；集中循环水泵房 1 座，进水间和泵房全封闭，下部结构 24.5m×21m×8.5m（长×宽×深），地上结构 23m×35m×16.7m（长×宽×高）	

续表

序号	模块名称	技术条件	造价合计（万元）
五		补充水管 1×DN700，焊接钢管，管道长度 L=5km	
		补给水泵 3 台；补给水泵房 1 座	
		备用水泵房设 3 台补给水泵，土建按 5 台泵一次建成；下部结构 19m×16.9m×20.48m（长×宽×深），上部结构 14m×25m×13.5m（长×宽×高）；自流引水管 300m，钢制喇叭口取水头；输水管 1×DN700，长度 L=15km	
	B. 直流供水：河（湖）心取水[注1]	其中：建筑工程费 8570 万元，设备购置费 1766 万元，安装工程费 485 万元，材差 0 万元	10 821
		钢制取水头 2 个	
		引水管道 2×DN2800×800m，顶管施工	
		循环水泵 4 台；循环水泵房：34m×26m×19.2m，沉井施工	
		扩大单元制，压力水管，2×DN2400×1000m，预应力钢筋混凝土管	

续表

序号	模块名称	技术条件	造价合计（万元）
五		主厂房循环水管道 DN2400	
		循环水排水虹吸井 2 座	
		双孔钢筋混凝土排水沟，2×2.5m×2.5m×960m	
		排水连接井 13.4m×20m，深 16.5m	
		排水管道 2×DN2800×180m，顶管	
		敞开式排水口：消力池、消力坎、浆砌石护底，消力池由 5m 渐扩至 15m，*L*=10m，围堰施工	
		海水直流系统时：淡水取水泵房一座，补给水泵 3 台，土建按 4 台一次建成；补给水管 2×DN350×15km，地表水净化站在厂内布置，处理容量 2×250m^3/h，采用二级处理工艺：斜管/板混凝沉淀+过滤（部分）	
		淡水直流系统时：处理容量 2×400m^3/h，采用二级处理工艺：斜管/板混凝沉淀+过滤（部分）	

续表

序号	模块名称	技术条件	造价合计（万元）
五	C. 直流供水：河（湖）岸边敞开式取水[注2]	其中：建筑工程费7227万元，设备购置费1961万元，安装工程费741万元，材差0万元	9929
		明渠40m×470m；沟两侧设挡砂堤；前池60m×100m	
		循环水泵4台(立式斜流泵)；循环水泵房：地下结构23.7m×25.8m×13.4m，地上结构29.4m×25.8m×13.8m，地下连续墙施工	
		主厂房循环水管道DN2400	
		扩大单元制，压力水管，2×DN2400×1000m预应力钢筒混凝土管	
		虹吸井：20m×10m×7m	
		双孔钢筋混凝土排水沟：2×2.5m×2.5m×960m	
		排水连接井：13.4×20m，深16.5m	
		排水管道2×DN2800×180m，顶管	

续表

序号	模块名称	技 术 条 件	造价合计（万元）
五		敞开式排水口：消力池、消力坎、浆砌石护底，消力池由5m渐扩至15m，L=10m，围堰施工	
		补充水系统同B	
	D. 直接空冷	其中：建筑工程费8194万元，设备购置费10 615万元，安装工程费5790万元，材差0万元	24 600
		机械通风直接空冷，每机排汽主管管径为1×ϕ5.5m，空冷凝汽器为双排管，每机空冷凝汽器面积815 771m^2	
		每机设变频调速低噪声风机30台，直径9.14m，电动机功率N=110kW	
		2台机组空冷平台尺寸148.5m×52m，平台高度35m，（钢筋混凝土空心管柱、钢结构平台）	
		辅机冷却水系统母管制，压力钢管1×DN900	
		辅机冷却水配3×35%水量机力塔，尺寸3×11m×11m	

续表

序号	模块名称	技 术 条 件	造价合计（万元）
五		辅机循环水泵3台，辅机循环水泵房1座，19.5m×9m（地上高7m、地下深3.5m）	
		地表水，2×DN400×15km补给水管，升压泵房1座，补给水泵3台，14m×9m（地上高6.5m、地下深9.6m）	
		地表水净化站在厂内布置，处理容量 2×350m^3/h，处理工艺同 A（若以中水作为辅机循环水的补充水源，地表水处理容量适当减少）	
		直接空冷系统的380V负荷由空冷低压变压器供电，空冷低压变压器由主厂房6kV厂用电系统供电	
		每台机组增加：DCS约900点；变送器、热电阻、温度测量等仪表与控制设备及电缆桥架安装材料等1套	
		空冷平台高35m，薄壁空心钢筋混凝土柱、直径3.6m，空间钢桁架平台	

续表

序号	模块名称	技　术　条　件	造价合计（万元）
五	E. 间接空冷	其中：建筑工程费 12 333 万元，设备购置费 14 113 万元，安装工程费 6782 万元，材差 0 万元	33 228
		自然通风间接空冷，空冷散热器为六排管单流程，两机一塔，空冷散热器总面积 1 990 000m^2	
		自然通风冷却塔尺寸：底部直径 156.4m，散热器外缘直径 164.4m，出口直径 96m，喉部直径 91m，塔高 170m	
		循环水泵按每台机组 3×35%配置，循环水泵房 1 座，42m×18m（地上高 12.5m，地下深 6.1m）	
		扩大单元制，压力水管 2×DN2400，焊接钢管，管线总长 L=1200m	
		主厂房循环水管道 DN2400	
		辅机冷却水配 2×35%水量机力塔，尺寸 2.7m×11.6m×11.6m　3 座	

续表

序号	模块名称	技术条件	造价合计（万元）
五		辅机循环水泵 3 台，辅机循环水泵房 1 座，22.5m×9m（地上高 7.7m、地下深 6.1m）	
		地表水，2×DN400×15km 补给水管，补给水泵 3 台，升压泵房 1 座，14m×9m（地上高 6.5m，地下深 9.6m）	
		地表水净化站在厂内布置，处理容量 2×350m^3/h，处理工艺同 A（若以中水作为辅机循环水的补充水源，地表水处理容量适当减少）	
		每台机组增加 DCS 约 1000 点；变送器、热电阻、温度测量等仪表与控制设备及电缆桥架安装材料 1 套	
		凝汽器面积 21 000m^2	
六	电气系统		
	1. 配电装置		
	A. 220kV 屋外中型配电装置（不带旁路母线）	其中：建筑工程费 340 万元，设备购置费 608 万元，安装工程费 128 万元，材差 0 万元	1076
		配电装置规模为 8 个间隔（2 进、2 出、1 个母联、1 个起动/备用电源、2 个 TV 及避雷器间隔）	

续表

序号	模块名称	技术条件	造价合计（万元）
六	B. 220kV国产GIS配电装置	其中：建筑工程费442万元，设备购置费1367万元，安装工程费51万元，材差0万元	1860
		配电装置规模为8个间隔（2进、2出、1个母联、1个起动/备用电源、2个TV及避雷器间隔）	
	C. 220kV发电机—变压器—线路组单元接入系统	其中：建筑工程费175万元，设备购置费448万元，安装工程费189万元，材差0万元	813
		2回出线，起动/备用电源由系统引接220kV一回5km，220kV变电站扩建1个间隔	
七	热工控制系统		
	生产期MIS		
	A. 小型机		850
		采用小型机双机热备+磁盘阵列	
		中心交换机能实现不同层交换路径负载均衡、具有多个千兆光纤端口、支持冗余配置、支持三层交换、满足VLAN划分要求等	

续表

序号	模块名称	技术条件	造价合计（万元）
七		系统软件满足小型机服务器对操作系统以及数据库的要求，具有网络管理、数据备份、防病毒等功能，系统安全性高	
		应用软件满足电厂日常信息管理要求，具有生产管理、经营管理、设备管理、燃料管理、办公管理等功能，并具有信息集成功能	
	B. 微机服务器双机		750
		主服务器具有中速响应、中速数据交换能力，保证信息系统不间断运行，采用微机双机热备+磁盘阵列	
		中心交换机支持三层交换、能实现不同层交换路径负载均衡、具有多个千兆光纤端口、支持冗余配置、满足 VLAN 划分要求等	
		系统软件满足微机服务器对操作系统以及数据库的要求，具有网络管理、数据备份、防病毒等功能，系统安全性高	

续表

序号	模块名称	技术条件	造价合计（万元）
七		应用软件满足电厂日常信息管理要求，具有生产管理、经营管理、设备管理、燃料管理、办公管理等功能，并具有信息集成功能	
	C. ERP方案		500
		主服务器具有中速响应、中速数据交换能力，保证信息系统不间断运行，采用微机双机热备+磁盘阵列	
		中心交换机支持三层交换、能实现不同层交换路径负载均衡、具有多个千兆光纤端口、支持冗余配置、满足 VLAN 划分要求等	
		系统软件满足微机服务器对操作系统以及数据库的要求，具有网络管理、数据备份、防病毒等功能，系统安全性高	
		主要管理功能由集团公司统一部署的 ERP 或 EAM 完成，电厂侧只配置 ERP 或 EAM 系统功能外的管理软件	

续表

序号	模块名称	技 术 条 件	造价合计（万元）
八	附属生产工程		
	1. 暖通及启动锅炉		
	A. 集中采暖区	其中:建筑工程费2007万元，设备购置费0万元，安装工程费0万元，材差0万元	2007
		有采暖系统，燃煤，20t/h，1.29MPa，300℃，2台	
	B. 非集中采暖区	其中:建筑工程费1129万元，设备购置费0万元，安装工程费0万元，材差0万元	1129
		无采暖系统，燃油，20t/h，1.29MPa，300℃，1台	
	2. 氢气系统		
	A. 制氢干燥储存系统	其中：建筑工程费43万元，设备购置费262万元，安装工程费24万元，材差0万元	329
		1×10Nm^3/h水电解制氢、干燥装置，配储氢罐4个	
	B. 外购氢气系统	其中：建筑工程费79万元，设备购置费64万元，安装工程费5万元，材差0万元	148

续表

序号	模块名称	技术条件	造价合计（万元）
八		设置集装氢瓶及实验室检测仪表，不设在线监测仪表及大型贮氢罐、氢气干燥装置	
九	交通运输工程		
	A. 铁路运输（翻车机）	厂外铁路 10km，厂内铁路 2.7km	10 810
	B. 铁路运输（底开车）	厂外铁路 10km，厂内 3km	10 900
	C. 汽车运输	厂外专用运煤公路 3km，20 级路面，路面宽 7m，路基宽 8.5m	1082
十	地基处理		
	A. 25m 左右钢筋混凝土桩	主厂房、烟囱、汽机基础、锅炉、集控楼、电除尘、送风机支架、引风机支架、烟道支架和输煤转运站等采用 25m 左右 450m×450m 预制钢筋混凝土桩，部分辅助附属建筑物采用复合地基	3461

续表

序号	模块名称	技术条件	造价合计（万元）
十	B. 35m左右 PHC桩	主厂房、烟囱、锅炉、集控楼、电除尘、送风机支架、引风机支架、烟道支架和输煤转运站等采用PHC桩，ϕ600×110，桩长35m；部分辅助附属建筑物采用复合地基	14 564
	C. 48m左右钢筋混凝土桩	主厂房、烟囱、汽机基础、锅炉、集控楼、电除尘等采用48m左右ϕ800钻孔灌注桩，送风机支架、引风机支架、烟道支架和输煤转运站、灰库等采用30m左右ϕ600钻孔灌注桩，辅助附属建筑物采用复合地基	7285
	D. 振冲碎石桩	主厂房、烟囱、锅炉、集控楼、电除尘、送风机支架、引风机支架、输煤转运站和冷却塔等采用振冲碎石桩，桩长约10m，碎石桩约7万m^3	1980
	E. 岩溶发育地区	主厂房、烟囱、汽机、锅炉基础等主要采用岩石做天然地基，浅层溶沟、溶槽、石芽、溶蚀裂隙及小溶洞发育；或基岩埋藏较深，基岩顶面起伏较大，需采用换填毛石混凝土、桩基、梁板跨越等进行地基处理；填方地段辅助建（构）筑物需采用复合地基、桩基等进行地基处理	2905

续表

序号	模块名称	技术条件	造价合计（万元）
十一	厂区及施工区土石方工程		
	A. 平原电厂	20 万 m^3	319
	B. 山区电厂	230 万 m^3（土石比 6:4）	7253
	C. 吹沙填海电厂	200 万 m^3	3000
十二	灰场		
	A. 供热机组灰场	事故备用灰场，可供 2×350MW 机组使用 6 个月左右；占地面积 100m×200m，设计堆灰高度 5m；库底铺设防渗土工膜方式防渗	534
	B. 山谷灰场	山谷干灰场，占地 45hm^2，满足堆灰 5 年；坝体工程量约 2.8 万 m^3，初期考虑部分面积防渗；设灰场管理站	6463
十三	脱硫装置系统		
	1. 湿法脱硫主体		
	A. 湿法脱硫主体（不含GGH）		9204
		燃煤收到基含硫量 1.3%	
		燃煤低位发热量 20 000kJ/kg	

续表

序号	模块名称	技术条件	造价合计（万元）
十三		脱硫效率 98.6%	
		喷淋吸收塔 2 座	
		事故浆液箱 1 座	
		氧化风机 4 台	
		循环泵 10 台	
		脱硫负荷由高压厂用工作母线引接，2 台炉设低压脱硫变压器 2 台，互为备用，交流事故保安负荷由机组保安电源统一供给，设 1 组 110V300Ah 直流蓄电池，单独设 1 套 20kVA 交流不停电电源（UPS）	
		脱硫主控制系统采用 2 套 FGD–DCS；工业闭路电视监视系统 1 套；每台机组烟气连续监测装置（烟气进、出口）2 套；火灾探测与报警系统 1 套；脱硫 pH 仪、浆液分析仪、电磁流量仪、物位仪、逻辑开关、电动/气动执行机构、变送器、热电偶、风量测量及一次检测元件等就地仪表 2 套	
		不含地基处理	

续表

序号	模块名称	技术条件	造价合计（万元）
十三	2. 石灰石制备系统		
	A. 石灰石制浆（湿磨）		1722
		粒径不大于 20mm 的石灰石块进厂	
		脱硫岛内设湿磨制浆车间，直接制备石灰石浆液	
		湿式球磨机 12t/h，2 台	
		混凝土石灰石块仓，一座，3 天储量	
	B. 石灰石制浆（干磨）		2582
		粒径不大于 30mm 的石灰石块进厂	
		中速磨机 12t/h，2 台	
		磨制车间混凝土石灰石粉仓，1 座，3 天储量	
		混凝土石灰石块仓，1 座，3 天储量	
		增设两台 500kVA 低压变压器，互为备用	

续表

序号	模块名称	技术条件	造价合计（万元）
十三	C. 石灰石粉制浆	成品石灰石粉进厂	493
		钢筋混凝土石灰石粉仓，厂内石灰石粉仓，1 座，3 天储量	
		石灰石粉仓及石灰石浆液池采用钢筋混凝土现浇结构	
	3. 石膏脱水系统		
	A. 皮带机脱水、石膏库储放		1315
		真空皮带脱水机 21t/h，2 台	
		混凝土石膏库房，3 天容量	
		单点落料，行车整理	
	B. 皮带机脱水、石膏仓		1432
		真空皮带脱水机 21t/h，2 台	
		混凝土石膏仓，1 座，2 天容量	
		石膏仓卸料装置，84t/h，1 台	
	C. 无脱水，石膏浆液外送		451
		石膏输送管线 3km 抛弃点高差起伏不大，不考虑抛弃泵后的抛弃输送管投资	

续表

<table>
<tr><th>序号</th><th>模块名称</th><th>技术条件</th><th>造价合计（万元）</th></tr>
<tr><td rowspan="4">十三</td><td colspan="3">4. 脱硫废水处理装置</td></tr>
<tr><td>A. 不单独处理</td><td>送入电厂主体工程统一处理</td><td>0</td></tr>
<tr><td>B. 单独处理回用</td><td>无石灰、有机硫或硫化钠加药系统及脱水机等设施；废水处理目标主要去除悬浮物；处理后废水用于干灰调湿、灰场喷洒或煤场；处理水量 $10m^3/h$；含电气控制</td><td>389</td></tr>
<tr><td>C. 单独处理排放</td><td>达到《污水综合排放标准》中的一级排放标准，处理水量 $10m^3/h$；含脱水装置及电气控制</td><td>588</td></tr>
<tr><td>十四</td><td colspan="3">脱硝装置系统</td></tr>
<tr><td rowspan="4"></td><td rowspan="4">A. 同步脱硝（液氨）</td><td>造价范围说明：含设备、建筑、安装、其他费用、价差及基本预备费</td><td>6930</td></tr>
<tr><td>催化剂的层数按初装两层设计</td><td rowspan="3"></td></tr>
<tr><td>液氨的贮备系统及设备（含液氨卸载装置及贮罐）</td></tr>
<tr><td>省煤器和 SCR 均不设烟气旁路</td></tr>
</table>

续表

序号	模块名称	技术条件	造价合计（万元）
十四	B. 同步脱硝（尿素热解）	造价范围说明：含设备、建筑、安装、其他费用、价差及基本预备费	8069
		催化剂的层数按初装两层设计	
		尿素贮存、溶解、热解和输送系统及设备	
		省煤器和 SCR 均不设烟气旁路	
十五	超低排放		
	A. 达标排放	烟尘、SO_2、NO_x 排放浓度分别按 20mg/Nm^3、50mg/Nm^3、100mg/Nm^3 控制	23 530
		除尘系统：五电场静电除尘器，效率≥99.84%，出口烟尘浓度≤40mg/Nm^3	
		脱硫效率 98.6%，吸收塔除尘效率 50%	
		脱硝效率≥70%	
	B. 超低排放	烟尘、SO_2、NO_x 排放浓度分别按 5（10）mg/Nm^3、35mg/Nm^3、50mg/Nm^3 控制	28 120

续表

序号	模块名称	技术条件	造价合计（万元）
十五		除尘系统： 1. 低低温五电场静电除尘器，五个电场采用高频电源，除尘效率≥99.92%，出口烟尘浓度≤20mg/Nm^3； 2. 湿式静电除尘器，双室一电场，除尘效率≥70%，出口烟尘浓度≤5mg/Nm^3	
		脱硫效率 99%，吸收塔除尘效率≥75%	
		脱硝效率≥85%	

注 1　若为深海取水，造价为 15 982 万元。

注 2　若为海边敞开式取水，造价为 14 365 万元。

二、2×660MW 超超临界燃煤机组火电工程限额设计参考造价指标及调整模块

（一）编制说明

1. 主要编制依据

（1）主要设备价格以中国电能成套设备有限公司提供的资料为基础，并综合考虑各发电集团公司意见，同时参照实际工程招标情况作了部分修正。

（2）建筑、安装工程主要材料价格采用北京地区 2015 年价格，其中安装材料的实际价格以电力建设工程装置性材料价格资料为基础，并结合 2015 年实际工程招标价格作了综合测算。人工工资、定额材料机械调整执行电力工程造价与定额管理总站《关于发布 2013 版电力建设工程概预算定额水平调整的通知》（定额〔2015〕44 号）。

（3）定额采用国家能源局 2013 年 8 月发布的《电力建设工程概算定额》（2013 年版）。

（4）费用标准按照 2013 年 8 月由国家能源局发布的《火力发电工程建设预算编制与计算规定》（2013 年版），其他政策文件依照惯例使用至 2015 年底止。

（5）国产机组造价内已含少量必要的进口设备、材料费用，进口汇率按 1 美元=6.50 元人民币，其相应的进口费用已计入设备材料费中，其中的关税按《中华人民共和国进出

口关税条例》中的优惠税率计。

（6）抗震设防烈度按 7 度考虑。

（7）本指标价格只计算到静态投资，基本预备费率为 3%。

2. 编制范围

本指标不包括下列内容：

（1）灰渣综合利用项目（指厂外项目）；

（2）厂外光纤通信工程；

（3）地方性的收费；

（4）项目融资工程的融资费用；

（5）价差预备费；

（6）建设期贷款利息。

3. 基本技术组合方案说明

与 2014 年水平相比，主厂房由“四列式”调整为“三列式”，将“四电场除尘器”调整为“五电场除尘器”，调整了凝汽器面积。

4. 费用变化说明

取价原则变化，价格水平贴近市场，采用中等偏低价格。

5. 调整指标及模块有关说明

与 2014 年水平的模块设置相比，增加了超低排放模块。

每个模块列出的明细表仅为该模块各方案间有差异的主要内容，模块方案造价不只包含明细表中列出的内容，模块造价为静态投资，含模块界限内的建筑、设备、安装费用，不含其他费用、材料价差（烟风煤管道、高压汽水管道、中低压管道价差，以及烟囱和主厂房结构模块的建筑材料价差除外）及基本预备费，脱硫及脱硝模块为完整的静态投资（含材差、其他费用及基本预备费），模块各方案造价的边界一致，可以互换，个别模块需要与其他模块联合使用。若现有调整模块不能覆盖实际工程的技术条件时，造价分析时可根据工程实际情况自行调整。

（二）2×660MW 机组参考造价指标

单位：元/kW

机组容量			2015 年造价
660MW 超超临界	两台 机组	新建	3373
		扩建	2912

注 1.“扩建”指在规划容量内连续扩建 2 台同型机组，详细技术条件与工程量见基本技术组合方案，在其他条件下必须进行调整。

2. 依托老厂、机组类型大于上期的建设项目，单位千瓦造价约为新建工程的 92%。

（三）各类费用占指标的比例

机组容量	建筑工程费用（%）	设备购置费用（%）	安装工程费用（%）	其他费用（%）	合计（%）
2×660MW 超超临界	22.43	45.75	19.72	12.10	100

（四）2×660MW 机组新建工程其他费用汇总表

单位：万元

序号	工程或费用名称	2015 年
一	建设场地占用及清理费	12 383
二	项目建设管理费	8996

续表

序号	工程或费用名称	2015 年
三	项目建设技术服务费	13 760
四	分系统调试及整套启动试运费	721
五	生产准备费	3383
六	大件运输措施费	300
	合计	39 543

注　不含基本预备费，不含脱硫、脱硝装置系统的其他费用。

（五）2×660MW 机组新建工程主要参考工程量

序号	项　目　名　称	单位	2015 年
一	主厂房体积	m^3	431 482
1	汽机房体积	m^3	179 871
2	煤仓间体积	m^3	126 614
3	炉前封闭体积	m^3	12 788
4	锅炉运转层以下封闭体积	m^3	90 368
5	集控楼体积	m^3	21 841
二	热力系统汽水管道，其中：	t	3361
1	高压管道	t	1711
（1）	主蒸汽管道	t	448
（2）	再热蒸汽（热段）	t	488
（3）	再热蒸汽（冷段）	t	218

续表

序号	项　目　名　称	单位	2015 年
（4）	主给水管道	t	557
2	中低压管道	t	1650
三	烟风煤管道	t	3695
四	热力系统保温油漆（含炉墙保温）	m^3	19 407
五	全厂电缆，其中：	km	2210
1	电力电缆	km	355
2	控制电缆	km	1855
六	电缆桥架（含支架）	t	1500
七	土建主要工程量		
1	主厂房基础	m^3	4014
2	主厂房框架	m^3	8443
3	主厂房吊车梁	t	197
4	钢煤斗	t	768
5	汽机平台	m^2	4999.5
6	主厂房钢屋架　　其中：	t	450
	钢屋架	t	187
	钢支撑、檩条	t	263
八	建筑三材量		
1	钢筋	t	29 670

续表

序号	项　目　名　称	单位	2015 年
2	型钢	t	11 757
3	木材	m^3	777
4	水泥	t	107 858
九	厂区占地面积	hm^2	44
十	施工租地面积	hm^2	25

注　1. 主厂房体积含集控楼体积，含锅炉运转层以下部分体积。

2. 建筑三材量不包括铁路、码头部分。

3. 锅炉的本体管道保温按照工程量项目划分原则归入全厂保温油漆的量中。

4. 高压管道工程量计算以锅炉 K1 柱外 1m 为界。K1 柱处主汽管道标高为 74.9m，再热冷段管道标高为 74.9m，再热热段管道标高为 42.3m，主给水管道标高到省煤器入口。

5. 不含脱硫、脱硝装置系统各项工程量。

6. 电缆桥架采用镀锌钢材。

（六）建筑材料及征地价格

序号	项　目　名　称	单位	2015 年实际单价
一	建筑三材		
1	水泥	元/t	410
2	木材	元/t	2200
3	钢筋	元/t	2060

续表

序号	项　目　名　称	单位	2015 年实际单价
4	型钢	元/t	2100
5	钢板	元/t	2220
二	征地		
1	厂区及厂外道路	元/亩	120 000
2	灰场	元/亩	70 000
三	租地	元/亩	5000

（七）660MW 机组装置性材料实际综合价格

序号	材　料　名　称	单位	2015 年参考单价	
			超临界	超超临界
1	主蒸汽管道 P91	元/t	77 993	84 132
2	再热热段蒸汽管道（P22/P91/P92）	元/t	90 262	96 171
3	再热冷段蒸汽管道	元/t	26 648	44 089
4	主给水管道	元/t	46 115	60 881
5	锅炉排污、疏放水管道	元/t	9853	
6	汽机抽汽管道	元/t	23 522	
7	辅助蒸汽管道	元/t	17 732	
8	加热器疏水、排气、除氧器溢放水管道	元/t	22 370	

续表

序号	材料名称	单位	2015年参考单价	
			超临界	超超临界
9	凝汽器抽真空管道	元/t	19 027	
10	汽轮机本体轴封蒸汽及疏水系统	元/t	14 775	
11	汽轮发电机组油、氮气、二氧化碳、外部冷却水系统管道	元/t	19 086	
12	给水泵汽轮机本体系统管道	元/t	18 079	
13	主厂房循环水、冷却水管道	元/t	13 808	
14	主厂房内空气管道	元/t	16 717	
15	中低压给水管道	元/t	16 481	
16	0号柴油	元/t	5970	
17	烟道	元/t	6768	
18	热风道	元/t	7383	
19	冷风道	元/t	7071	
20	送粉管道	元/t	11 361	
21	原煤管道	元/t	5608	

续表

序号	材料名称	单位	2015年参考单价	
			超临界	超超临界
22	岩棉	元/m^3	400	
23	硅酸铝	元/m^3	680	
24	微孔硅酸钙	元/m^3	1300	
25	超细玻璃棉	元/m^3	1130	
26	电力电缆　6kV以上	元/m	255	
27	电力电缆　6kV以下	元/m	79	
28	电气控制电缆	元/m	12	
29	热控电缆	元/m	10	
30	计算机电缆	元/m	10	
31	补偿电缆（综合价）	元/m	23	
32	共箱母线	元/m	5450	
33	共箱母线（交流励磁）	元/m	10 500	
34	共箱母线（直流励磁）	元/m	7250	
35	电缆桥架（钢）	元/t	7110	
36	电缆支架（钢）	元/t	5053	

注　1. 炉墙砌筑材料价格在保温材料中统一体现。

2. 共箱母线/励磁母线均为铜导体。

（八）660MW 机组设备参考价格

序号	设备名称	规格型号	单位	2015 年参考价（万元）
一、热力系统				
1	锅炉（烟煤）	超临界，1900t/h，不含节油点火装置	台	24 600
2	锅炉（烟煤）	超临界，2140t/h，不含节油点火装置	台	25 000
3	锅炉（烟煤）	超超临界，2040t/h，不含节油点火装置	台	30 500
4	锅炉（烟煤）	提高参数的超超临界	台	32 000
5	W 型锅炉	超临界，2140t/h，不含节油点火装置	台	28 400
6	锅炉（褐煤）	超临界，2140t/h，不含节油点火装置	台	27 000
7	锅炉（褐煤）	超超临界	台	32 500
8	锅炉（褐煤）	提高参数的超超临界	台	34 000
9	节油点火装置	等离子点火装置，6 只（1 层）	套/炉	410
10	节油点火装置	小油枪点火装置，6 只（1 层）	套/炉	140

续表

序号	设备名称	规格型号	单位	2015 年参考价（万元）
11	汽轮机	超临界，600MW，24.2/566/566 型（含 DEH）	台	13 500
12	汽轮机	超临界，660MW，24.2/566/566 型（含 DEH）	台	13 500
13	汽轮机	超超临界，660MW，湿冷，三缸四排汽（含 DEH）	台	15 500
14	汽轮机	提高参数的超超临界	台	16 000
15	汽轮发电机	QFSN–660–2，含静态励磁系统	台	7500
16	汽轮发电机	QFSN–600–2，含静态励磁系统	台	7500
17	中速磨煤机	HP–1003（减速器关键部件进口）/MPS212–Ⅱ型/ZGM113（含密封风机等）	台	400
18	中速磨煤机	MPS225–HP–Ⅱ型（含密封风机等），适用于褐煤	台	540
19	双进双出钢球磨	MPS4366/1800kW(含钢球、润滑油、密封风机等）	台	800

续表

序号	设备名称	规格型号	单位	2015年参考价（万元）
20	风扇磨	MB3600，47.22/86.5，1350kW	台	500
21	电子称重式给煤机	10～100t/h	台	25
22	送风机（含电机）	动叶可调轴流式 Q=1 054 000m^3/h，1600kW	台	130
23	引风机（含电机）	静叶可调轴流式 Q=1 844 000m^3/h，3200kW	台	170
24	引风机（含电机）	动叶可调轴流式	台	235
25	引风机（含电机）	静叶可调轴流式 Q=1 844 000m^3/h，5200kW（引风机与增压风机合并）	套	230
26	引风机（含电机）	动叶可调轴流式 Q=1 844 000m^3/h，5200kW（引风机与增压风机合并）	套	275
27	一次风机（含电机）	动调轴流，Q=361 000m^3/h，2000kW	台	130
28	电除尘器	双室四电场（含高频电源），$\eta \geq 99.8\%$，2600t	套	3300

续表

序号	设备名称	规格型号	单位	2015 年参考价（万元）
29	电除尘器	双室五电场（含高频电源），$\eta \geq 99.84\%$，3120t	套	3400
30	电除尘器	双室五电场（含高频电源），采用低温技术，$\eta \geq 99.92\%$，3120t	套	4000
31	湿式除尘器	双室一电场（含电源），$\eta \geq 70\%$	套	2350
32	50%汽动给水泵	含主泵、前置泵	套	380
33	50%给水泵小汽机	小汽机及 MEH 等仪表与控制系统	套	450
34	50%引风机汽轮机	含引风机汽轮机及其凝汽器设备，含减速箱（进口）	台	830
35	50%汽动给水泵	含主泵、前置泵（配超临界机组）	套	580
36	100%汽动给水泵	配超超临界机组，前置泵与主泵同轴布置，含主泵、前置泵、减速箱，主泵，减速箱整体进口	台	1150

续表

序号	设备名称	规格型号	单位	2015 年参考价（万元）
37	100%汽动给水泵小汽机	小汽机及 MEH 等仪表与控制系统	台	1000
38	50% 电动给水泵	Q=1277t/h, P=19.94MPa, 11 000kW	套	810
39	35%电动给水泵	主泵，前置泵，液力耦合器（配超临界机组）（进口芯包）	套	870
40	30%电动给水泵	主泵，前置泵，液力耦合器	套	455
41	30%电动给水泵	配超/超超临界机组，启动泵，定速泵，含主泵、前置泵、齿轮箱、主泵电机，不含出口调节阀。芯包国产，出口和最小流量阀逆止门进口	台	300
42	30%电动给水泵	配超/超超临界机组，含主泵、前置泵、进口液力耦合器、主泵电机。芯包国产，出口和最小流量阀逆止门进口	台	480
43	凝汽器	钛管，36 000m^2	台	4500

续表

序号	设备名称	规格型号	单位	2015 年参考价（万元）
44	凝汽器	不锈钢 304，36 000m^2	台	1728
45	凝汽器	不锈钢 316，36 000m^2	台	2232
46	凝汽器	不锈钢 317，36 000m^2	台	2880
47	凝汽器	不锈钢 316L，36 000m^2	台	2340
48	凝汽器	不锈钢 317L，36 000m^2	台	3060
49	汽机旁路装置	30%BMCR 简化旁路（含就地仪表与执行器）	套	315
50	汽机旁路装置	30%BMCR 简化旁路（含就地仪表与执行器），配超临界机组	套	405
51	汽机旁路装置	40%BMCR，高低压两级串联，简化旁路（含就地仪表与执行器），配超临界机组	套	500
52	汽机旁路装置	40%BMCR，高低压两级串联，简化旁路（含就地仪表与执行器），配超超临界机组，低旁阀阀体材质为 F91	套	560
53	汽机旁路装置	40%BMCR，高低压两级串联，简化旁路（含就地仪表与执行器），配超超临界机组，低旁阀阀体材质为 F92	套	620

续表

序号	设备名称	规格型号	单位	2015 年参考价（万元）
54	除氧器及水箱	GWC–1790　G5–235 型	套	350
55	高压加热器	三级，卧式（含阀门）	套	900
56	高压加热器	三级，卧式（含阀门），配超临界机组	套	1000
57	高压加热器	三级，卧式（含阀门），配超临界机组（含外置蒸发冷却器）	套	1150
58	低压加热器	四级，卧式（含阀门），配湿冷机组	套	670
59	低压加热器	三级，卧式（含阀门），配空冷机组	套	555
60	凝结水泵	100%，1522m^3/h，3.4MPa，2100kW	台	80
61	真空泵	50%，每台机 3 台，2 用 1 备	台	40
62	汽机房行车	80/20t，含保护	台	120
二、燃料供应系统				
63	翻车机	C 型单车翻车机及其调车系统 Q=25 节/h	套	1100

续表

序号	设备名称	规格型号	单位	2015 年参考价（万元）
64	翻车机	折返式双车翻车机及其调车系统 Q=40 节/h	套	1600
65	桥式抓斗卸船机	1500t/h 轨距 22m	台	3600
66	清仓机	180HP	台	280
67	斗轮堆取料机	1500/1500t/h 臂长35m，折返式	套	1070
68	斗轮堆取料机	3600/1500t/h 臂长40m，通过式	套	1450
69	活化给煤机	Q=1000t/h	台	80
70	胶带输送机	1400mm（含胶带，不含皮带机保护元件，减速器为中外合资产品）	m	0.7
71	胶带输送机	1800mm（含胶带，不含皮带机保护元件，减速器为中外合资产品）	m	0.85
72	环（锤）式碎煤机	1000t/h	台	60
73	滚轴筛	Q=1500t/h	台	35
74	皮带给煤机	B=1600mm Q=350～860t/h	台	30

续表

序号	设备名称	规格型号	单位	2015 年参考价（万元）
75	桥式叶轮给煤机	B=1400mm Q=300～1000t/h 带变频调速	台	35
76	推煤机	TY220 型	台	80
77	装载机	ZL50	台	35
78	火车取样装置	门式，跨距 6m，用于单台翻车机（缩分、破碎、液压装置进口，减速器为中外合资产品）	台	65
79	火车取样装置	桥式，跨距 13.5m，用于双线火车卸煤沟（缩分、破碎、液压装置进口，减速器为中外合资产品）	台	75
80	汽车取样装置	缩分、破碎、液压装置进口，减速器为中外合资产品	套	60
81	皮带中部取样装置	B=1400mm 双取样头，对应 1 套二级缩分、一级破碎、回煤装置（用于入炉煤，取样头、缩分、破碎装置进口）	台	75

续表

序号	设备名称	规格型号	单位	2015年参考价（万元）
82	皮带中部取样装置	B=1800mm单取样头，对应1套三级缩分、二级破碎、回煤装置（用于入厂煤，取样头、缩分、破碎装置进口）	台	100
83	动态轨道衡	断轨	台	35
84	动态轨道衡	不断轨	台	60
85	二工位头部伸缩装置	B=1400mm	台	35
86	三工位头部伸缩装置	B=1400mm	台	40
87	运煤系统一次元件（新建）	包括双向拉绳开关、二级跑偏开关、胶带纵向撕裂检测装置、煤流检测装置、速度检测装置、堵煤信号、原煤仓高、低和连续料位信号等	套	95
88	运煤系统一次元件（扩建）	包括双向拉绳开关、二级跑偏开关、胶带纵向撕裂检测装置、煤流检测装置、速度检测装置、堵煤信号、原煤仓高、低和连续料位信号等	套	30

续表

序号	设备名称	规格型号	单位	2015年参考价（万元）
三、除灰系统				
89	气力除灰	输灰、控制、除尘设备等，不含管道、空压机，输送距离500m，单台炉除灰系统出力110t/h；五电场，2×32+2×3个灰斗（数量待核实）	套/2炉	620
90	刮板捞渣机	单侧捞渣机（关键部件进口，含渣井、关断门、液压控制）长度35m，出力15～60t/h	台	360
91	刮板捞渣机	单侧捞渣机（关键部件进口，含渣井、关断门、液压控制等），长度65m，出力15～60t/h	台	400
92	干式排渣机	（含渣井，关断门，碎渣机，渣仓，就地控制，斗式提升机）出力：12～35t/h，长度45m	套	620
93	灰渣泵（含电机）	离心式，Q=280m^3/h P=0.7MPa	套	32
94	自卸汽车	17t	台	45
95	浓缩机	10m（12m）	台	55

续表

序号	设备名称	规格型号	单位	2015 年参考价（万元）
四、水处理系统				
96	超滤装置	含加药装置、进水泵、保安过滤器、反洗水泵、水箱、膜组件、换热器等	t/h	1.2
97	反渗透装置	含加药装置、反洗水泵、升压泵、保安过滤器、水箱、膜组件、换热器等	t/h	1.5
98	制氢装置	含程控，无人值守，3 个罐，1×10Nm^3/h	套	260
99	水汽集中取样分析装置	部分仪表进口，常规仪表国产，不含凝汽器检漏	套	125
100	电解海水制氯	设备容量为 2×90kg/h（可连续及冲击加氯），含工艺设备、管道、阀门、电气、控制等	套/2 机	580
101	凝结水精处理装置	两机一套再生装置，含程控，含树脂，配 3×50%混床。亚临界机组适用	套/2 机	940

续表

序号	设备名称	规格型号	单位	2015年参考价（万元）
102	凝结水精处理装置	两机一套再生装置，含程控，含树脂，配2×50%前置过滤器+3×50%混床	套/2机	1150
103	凝结水精处理装置	两机一套再生装置，含程控，含树脂，配2×50%前置过滤器+3×50%混床（直接空冷机组）	套/2机	1400
五、供水系统				
104	循环水泵	Q=10m^3/s，扬程25m，立式斜流泵，电动机功率3400kW，导叶体Q235A	套	300
105	循环水泵	耐海水，Q=10m^3/s，扬程25m，立式斜流泵，电动机功率3400kW。过流部件采用双相不锈钢材质	套	600
106	循环水泵	耐海水，功率3400kW。过流部件采用超级双相不锈钢材质	套	720
107	补给水泵（含电机）	Q=1500m^3/h，扬程50m，卧式离心泵，电动机功率400kW	套	28

续表

序号	设备名称	规格型号	单位	2015年参考价（万元）
108	直接空冷设备	包括空冷凝汽器、A型架、隔墙、蒸汽分配管、风机桥架、防护网	万 m^2	40
109	空冷风机	直径 9.15m，功率132kW，含变频器、风机筒、电机、齿轮箱	台	43
110	间接空冷设备	包括散热器管束、冷却三角框架、支撑件、百叶窗、散热器清洗系统、塔内管道。管束垂直布置	万 m^2	45
六、电气系统				
111	主变压器	500kV 240MVA 单相无载调压	台	690
112	主变压器	500kV 260MVA 单相无载调压	台	720
113	主变压器	500kV 720MVA 三相无载调压	台	1900
114	主变压器	500kV 780MVA 三相无载调压	台	2100
115	主变压器	220kV 780MVA 三相无载调压	台	1700

续表

序号	设备名称	规格型号	单位	2015年参考价（万元）
116	主变压器	330kV 720MVA 三相无载调压	台	1550
117	主变压器	750kV 720MVA 三相无载调压	台	2300
118	SF_6断路器	500kV，50kA/63kA 罐式 液动 带合闸电阻（国产）	台	275
119	SF_6断路器	500kV，50kA/63kA 罐式 液动	台	250
120	SF_6断路器	500kV，50kA/63kA 柱式 带合闸电阻	台	100
121	SF_6断路器	500kV，50kA/63kA 柱式	台	90
122	SF_6断路器	750kV，50kA/63kA 罐式 液动	台	1050
123	SF_6断路器	330kV，50kA/63kA 罐式 液动	台	140
124	高压厂用变压器	63/35–35MVA，无载调压	台	430
125	起动/备用变压器	500kV/6.3kV 63/35–35MVA，有载调压	台	780

续表

序号	设备名称	规格型号	单位	2015 年参考价（万元）
126	起动/备用变压器	220kV/6.3kV 63/35-35MVA，有载调压	台	560
127	500kV 户内 GIS	断路器间隔，4000A，63kA，含主母线及分支母线	间隔	600
128	500kV 户内 GIS（母线设备间隔）		间隔	210
129	发电机断路器	140kA	台	900
130	高压开关柜	KYN-10，3150A，40kA，进口开关	台	20
131	高压开关柜	KYN-10，3150A，40kA	台	15
132	高压开关柜	KYN-10，1250～1600A，40kA	台	12
133	高压开关柜	KYN-10，TV 柜	台	5
134	高压开关柜	F-C 单回路，40kA，10kV	台	9

续表

序号	设备名称	规格型号	单位	2015年参考价（万元）
135	高压开关柜	4000A，50kA（进口真空断路器柜）	台	30
136	高压开关柜	馈线柜，1250A，50kA（合资厂真空断路器柜）	台	15
137	高压开关柜	馈线柜，50kA（合资厂单回路F–C柜），10kV	台	12
138	低压开关柜	PC，主厂房内	台	7
139	低压开关柜	MCC，主厂房内	台	5
140	输煤程控装置	上位机、PLC、网络通信电缆、输煤工业电视系统，不包括传感器	套	210
141	交流不停电电源装置	100kVA，单台（三相输入，单相输出）	套	45
142	网络监控系统	微机监控系统	套	210
143	柴油发电机	1200kW（含脱硫），主机进口	台	200

续表

序号	设备名称	规格型号	单位	2015年参考价（万元）
七、热工控制系统				
144	分散控制系统	包括DAS、MCS、SCS（含电气控制）、FSSS等4功能子系统，配5个操作员站等人机接口设备，I/O点规模为8000点	套	480
145	除渣程控装置	PLC程控，操作员站，软硬件系统，机柜，就地仪表和执行机构	套	85
146	化学补给水程控装置	PLC程控，操作员站，软硬件系统，机柜，就地仪表和执行机构	套	190
147	燃油泵房程控装置	PLC程控，操作员站，软硬件系统，机柜，就地仪表和执行机构	套	60
148	空调仪表与控制系统	PLC程控，操作员站，软硬件系统，机柜，就地仪表和执行机构	套	60
149	火检及冷却风系统	根据炉型不同火检数量不同，按前后墙对冲燃烧方式，84只火检，2台冷却风机，进口	套	150

续表

序号	设备名称	规格型号	单位	2015年参考价（万元）
150	全厂工业闭路电视监视系统	170点	套	145
八、附属生产工程				
151	启动锅炉及辅机	燃油，35t/h，1.29MPa，300℃	台	260
152	启动锅炉及辅机	煤炉，35t/h	台	575

注　除单独列出超临界或超超临界机组用的设备价格以外，其他设备价格均为超临界机组、亚临界及超超临界机组一致的价格。

（九）2×660MW机组基本技术组合方案

系统项目	2×660MW+2×660MW	
名称	新　　建	扩建
一、热力系统		
1. 主厂房结构形式及布置（含集控楼）	汽机纵向，机头朝向固定端，主厂房钢筋混凝土结构，汽机房跨度33m，煤仓间跨度13m（柱	

续表

系统项目	2×660MW+2×660MW	
名称	新　建	扩建
1. 主厂房结构形式及布置（含集控楼）	中心线间距），炉前通道 7.5m，柱距 10m，厂房长 151.5m，汽机运转层标高 15.5m。主厂房钢筋混凝土结构，汽机房厂房体积 17 987m^3，煤仓间体积 126 614m^3，炉前封闭体积 12 788m^3，集控楼 21 841m^3。锅炉运转层以下封闭体积 90 368m^3。主厂房体积 431 483m^3	同左
2. 锅炉	超超临界，2040t/h（钢炉架，同步脱硝），2 台	同左
3. 汽轮机	超超临界，660MW，25/600/600 型，2 台	同左
4. 汽轮发电机	QFSN–660–2，2 台	同左
5. 制粉系统	中速磨煤机 ZGM113G，12 台	同左
6. 除尘系统	双室五电场静电除尘器，$\eta \geq$ 99.8%，4 台	同左
7. 给水泵	汽动给水泵，1253m^3/h，33.64MPa，4 台；电动调速给水泵，752m^3/h，34MPa，2 台	同左

续表

系统项目	2×660MW+2×660MW	
名称	新　　建	扩建
8. 风机	送风机：动叶可调轴流式，802 116m³/h，4 台	同左
	引风机：动叶可调轴流式，2 050 524m³/h，4 台	
	一次风机：动叶可调轴流式 Q=353 800m³/h，H=17 771Pa，4 台	
9. 四大管道材质	主汽管道（P92），再热热段（P92），再热冷段（A691Gr1-1/4CrCL22），主给水管道（15NiCuMoNb5-6-4）	同左
10. 锅炉真空清扫系统	1 台真空吸尘车，75HP，风量 3000m³/h，真空度 51kPa，两台炉各平台的吸尘管道以及煤仓间的吸尘管道	同左
11. 暖通系统	汽机房屋顶通风器通风；集控楼 2 套 2×100%屋顶式恒温恒湿空调机组；输煤系统高压静电除尘器；采暖加热站，外网及热风系统	同左
12. 烟道支架	钢烟道支架为钢筋混凝土结构，主烟道为钢结构	同左
13. 引风机支架	钢筋混凝土框架结构	同左

续表

系统项目	2×660MW+2×660MW	
名称	新　　建	扩建
14. 送风机支架	钢筋混凝土框架结构	同左
15. 烟囱	210m/2– ϕ7.5m，1 座，钢筋混凝土外筒，钛钢复合板双内筒烟囱	同左
二、燃煤供应系统		
1. 简要说明	运煤系统的设计出力按 4×600MW 机组容量考虑，卸煤和贮煤设施分期建设	
2. 卸煤	全部铁路敞车运煤进厂，单车翻车机及其调车系统 2 套，2 重 2 空 1 走行，折返式布置。带式给煤机 Q=350～860t/h，4 台。动态轨道衡 1 台，火车取样机 2 台	单车翻车机及其调车系统 1 套，1 重 1 空 1 走行，带式给煤机 Q=350～860t/h，2 台，火车取样机 1 台
3. 贮煤	煤场容量 2×600MW 机组 10 天耗煤量。斗轮堆取料机 1500/1500t/h，臂长 35m，折返式，2 台。推煤机 2 台，装载机 2 台	煤场延长至煤场总容量为 4×660MW 机组

续表

系统项目	2×660MW+2×660MW	
名称	新　　建	扩建
3. 贮煤	煤场为全封闭条形煤场。最大堆煤高度 13.5m，煤场容量满足 2×660MW 机组 10 天耗煤量。煤棚上部结构为拱形空间网架结构，上铺彩色单层彩色压型钢板。网架中部下弦净空≥30.0m，干煤棚投影面积 25 000m²，两端挡风抑尘墙全封闭。斗轮堆取料机 1500/1500t/h，臂长 35m，折返式，2 台。推煤机 2 台，装载机 2 台	15 天耗煤量，增设 1 台推煤机
4. 运煤	运煤胶带机 *B*=1400mm，*V*=2.5m/s，*Q*=1500t/h，双路设置；胶带机总长 *L*=2300m，原煤仓配煤方式采用犁煤器方案	煤场胶带机延长 *L*=140m；煤仓间胶带机延长 *L*=170m
5. 碎、筛煤	环式碎煤机 *Q*=1000t/h，2 台；滚轴筛 *Q*=1500t/h，2 台	
6. 主要辅助建筑	输煤综合楼按 4000m³，推煤机库按 400m²	
7. 点火油罐	500m³ 钢油罐，2 个	
8. 含油污水处理	简易装置 1 套	

续表

系统项目	2×660MW+2×660MW	
名称	新　建	扩建
9. 栈桥、廊道	煤场至碎煤机室为钢筋混凝土结构、压型钢板封闭，长 77m；碎煤机室至主厂房段为钢筋混凝土柱、钢桁架、压型钢板封闭，长 130m；其他部分栈桥 85m，地下隧道 120m	
10. 转运站	钢筋混凝土结构	
11. 斗轮机基础	钢筋混凝土基础	
12. 翻车机室	钢筋混凝土结构，1 座翻车机室按安装 2 台单车翻车机设计	1 个单翻车机室
三、除灰系统		
1. 厂内除灰渣（石子煤）方式	灰渣分除，干灰集中至灰库，范围为除尘器灰斗法兰至灰库卸料设备出口，输送距离 500m，单台炉除灰系统出力 110t/h，双室四电场电除尘器；风冷式排渣机，斗式提升机输送至渣仓，范围为锅炉炉灰斗插板出口至渣仓卸料设备出口，风冷式排渣机（含渣井、关断门），宽度 1400mm，连续出力 10t/h，最大出力 20t/h，排渣温度 150℃以下，2 台；电瓶叉车运输石子煤，分界点为中速磨石子煤斗出口	同左

续表

系统项目	2×660MW+2×660MW	
名称	新　　建	扩建
2. 厂外汽车运灰渣	运灰公路5km，三级标准，每1km设25m缓冲带（宽12m），占地60亩；17t自卸汽车，20辆，2个车位检修车库150m^2	
3. 灰场机械	8t洒水车2辆，YZ10J自动碾压机2辆，YSZ06C手动碾压机2辆，T140推土机2辆，ZL40装载机2辆	同左
4. 灰库	钢筋混凝土筒仓，无保温	同左
5. 除灰综合楼	钢筋混凝土框架结构	同左
6. 气化风机房	钢筋混凝土框架结构	同左
四、水处理系统		
1. 锅炉补给水处理	2×80t/h超滤、反渗透加2×（100～120）t/h一级除盐加混床系统	增加一列60t/h超滤反渗透装置
2. 化验室	气：SF_6 分析；水、煤（含入厂煤、入炉煤）、油（含透平油、绝缘油、抗燃油）分析	
3. 汽水集中取样分析	含高温高压取样冷却装置及在线分析仪表，仪表配置原则按最新的化学技术规程	同左

续表

系统项目	2×660MW+2×660MW	
名称	新　　建	扩建
4. 凝结水精处理	2×50%前置过滤器、3×50% H/OH 型混床、混床出口不设钠表，两机合用一套再生装置、配7份树脂	同左
5. 循环水稳定处理系统	循环水加酸加阻垢处理	同左
6. 循环水杀生处理系统	电解食盐制次氯酸钠2×10kg/h	同左
7. 给水加药处理系统	加氨加氧联合处理，两机合用一套加药系统	同左
8. 工业废水集中处理	设 3×2000m^3 废水池，100t/h 澄清器1台，10t/h 脱水机1台。相对集中处理，正常工况下回收利用，不外排。包括酸减再生废水、酸洗废水、空气预热器冲洗水等。不含含煤废水处理、含油污水处理	
9. 氢气系统	1×10Nm^3/h 电解制氢加干燥储存装置	
10. 厂区管道	防腐管道采用钢衬塑管道及不锈钢管	同左
11. 锅炉补给水处理车间	钢筋混凝土框（排）架结构	

续表

系统项目	2×660MW+2×660MW	
名称	新　　建	扩建
12. 化验楼	砌体结构	
13. 循环水加药间	钢筋混凝土框（排）架结构	同左
14. 制氢站	钢筋混凝土框架结构	
15. 工业废水处理站	钢筋混凝土结构，废水池防腐采用涂防腐材料	
五、供水系统		
1. 供水方式	采用扩大单元制二次循环供水系统	同左
2. 冷却水塔	每台机配逆流式自然通风冷却塔 1 座，冷却塔淋水面积为 $8500m^2$，考虑防冻措施	同左
3. 循环水系统	两台机共用 1 座循环水泵房，泵房内安装 4 台循环水泵（立式斜流泵），进水间和泵房全封闭，下部结构 28m×24m×11m（长×宽×深），地上结构 15m×46m×18.4m（长×宽×高）。循环水压力管道采用焊接钢管；2×DN3000，总长 L=2000m	同左

续表

系统项目	2×660MW+2×660MW	
名称	新　　建	扩建
4. 补给水系统	补给水为地表水，补给水泵房设3台补给水泵，土建按5台泵一次建成。下部结构 20.9m×19.0m×20.48m（长×宽×深）	增设 2 台水泵
5. 补给水管线	2×DN900，单线长度 L=15km	
6. 净化站	地表水净化站在厂内布置，处理容量 3×1200m³/h，采用二级处理工艺：斜管/板混凝沉淀+过滤（部分）	同左
六、电气系统		
1. 出线回路	2回	1回
2. 配电装置	500kV 屋外式，一个半断路器接线，采用柱式 SF_6 断路器	同左
3. 主变压器	每台机设1台国产三相式变压器，容量 780MVA	同左
4. 高压厂用电源	每台机组设 1 台 63/35–35MVA 分裂绕组高压厂用变压器和1台 20MVA 双绕组高压脱硫变压器	同左

续表

系统项目	2×660MW+2×660MW	
名称	新　　建	扩建
5. 高压厂用断路器	真空断路器与 F–C 柜组合。电源回路采用国产化真空断路器。馈线柜采用国产化设备，1250kVA 及以下低压厂用变压器回路和 1000kW 及以下电动机回路采用 F–C 设备	同左
6. 起动/备用电源	设 1 台有载调压分裂变压器，由厂内升压站引接，变压器容量 63/35–35MVA。正常运行时起动/备用变压器不带负荷	同左
7. 事故保安电源	每台机组设置 1 台 1200kW 柴油发电机组（含供脱硫系统保安负荷 170kW 左右）	同左
8. 交流不停电电源	每台机组设置 1 台 100kVA UPS 装置	同左
9. 网络控制系统	500kV 配电装置，3/2 接线，（2 进、2 出）两个完整串，网络控制配置微机监控系统一套，就地设继电器小室，数据采集装置按串配，双上位机（操作员站）	增加本期数据采集单元
10. 直流系统	每台机组包括控制 2 组 110V 600Ah 蓄电池、配高频开关电源型充电装置 2 组（模块 n+2 冗余配置），动力 1 组 220V 1600Ah 蓄电池、配高频开关电源型充电装置 1 组（模块 n+2 配置），直流屏、	同左，但网络直流蓄电池不新增

续表

系统项目	2×660MW+2×660MW	
名称	新　　建	扩建
10. 直流系统	绝缘检查装置、电池检测装置。网络继电器室设置 2 组 220V 400Ah 蓄电池及配套高频开关电源型充电装置 2 组（模块 n+2 冗余配置）	同左，但网络直流蓄电池不新增
11. 发电机—变压器组保护	发电机—变压器组保护采用装置双重化配置。保护屏 12 面（含起动/备用变压器保护屏 2 面）	同左
12. 输煤控制系统	程控系统。按 4×660MW 规划容量考虑程控装置：2 套上位机（操作员站），PLC 控制，I/O 点数 1200 点左右，2～3 个远程站。包括网络通信电缆。输煤工业电视系统：4 个显示器，16 个摄像头（2 个彩色变焦，14 个黑白），矩阵切换器等。不包括传感器	根据工程实际情况，考虑适当增加 I/O 点及摄像头数量
13. 全厂高压开关柜（含单回路 F–C）	主厂房 145 面；输煤系统 26 面（不含脱硫、脱硝系统）	163 面
14. 升压站	500kV 屋外式，钢结构	同左
15. A 列外构筑物	构架为钢结构，设备基础为钢筋混凝土基础	同左

续表

系统项目	2×660MW+2×660MW	
名称	新　　建	扩建
七、系统二次		
1. 继电保护	500kV 线路保护 4 套、母线保护 4 套、每台断路器配置 1 套断路器保护、配置线路故障录波器 1 面、保护及故障录波信息管理子站 1 套。行波测距装置 1 套及安全稳定控制装置 2 套	增加线路保护 2 套，增加 1 套断路器保护，已有系统按扩容考虑
2. 调度自动化	远动与网控统一考虑。配置 AGC/AVC 测控柜 1 套。500kV 出线侧、起动/备用变压器高压侧配置主/校、0.2s 级关口表；机组出口侧配置单、0.5s 级考核表；电表处理器 1 套，计费小主站 1 套。调度数据网接入设备、二次系统安全防护设备各 1 套。功角测量装置、电厂竞价辅助决策系统、发电负荷考核系统各 1 套	同左，已有系统按扩容考虑
3. 通信	配置 2 套 SDH 622Mbit/s 光端机、96 门调度程控交换机 1 台。—48V 高频开关电源 2 套，500Ah 蓄电池 2 组。至调度端 PCM2 对。通信机房动力环境监视纳入电厂网控系统统一考虑。载波通道 2 路（根据工程实际需要配置）	同左，已有系统按扩容考虑

续表

系统项目	2×660MW+2×660MW	
名称	新　　建	扩建
八、热工控制系统		
1. 分散控制系统（DCS）	包括DAS、MCS、SCS、FSSS等4个功能子系统（包括电气进DCS，不包括大屏幕），2套	同左
2. 汽轮机控制系统（DEH）	高压抗燃油伺服系统，纯电液数字调节方式，2套	同左
3. 汽轮机危急遮断系统（ETS）	采用PLC或DCS实现保护功能，2套	同左
4. 汽轮机安全监测仪表（TSI）	含汽机转速、汽轮发电机轴承振动、轴向位移、差胀、缸胀、偏心、键相等功能，2套	同左
5. 汽轮机振动分析和故障诊断系统（TDM）	含工控机、分析软件、专家诊断软件等，2机组合配1套人机界面	同左
6. 吹灰程控及烟温探针系统	包括吹灰程控软硬件设备及动力柜和烟温探针就地仪控设备，2套	同左
7. 除灰、除渣仪表与控制系统	采用PLC程控（包括：系统软件、应用软件、硬件系统、机柜、人机界面）及就地压力、温度、流量、物位仪表和电磁阀箱、配电箱等，1套	同左

续表

系统项目	2×660MW+2×660MW	
名称	新　　建	扩建
8. 化学补给水仪表与控制系统	采用 PLC 程控（包括：系统软件、应用软件、硬件系统，机柜、人机界面）及就地压力、温度、流量、分析仪表和电磁阀箱等，1 套	按工艺扩容情况增加相应仪表控制设备
9. 凝结水精处理仪表与控制系统	采用 PLC 程控装置（包括：系统软件、应用软件、硬件系统、机柜、人机界面）及就地压力、温度、流量、分析仪表和电磁阀箱等，1 套	同左
10. 燃油泵房仪表与控制系统	采用 PLC 程控装置，包括压力、流量、液位、温度等仪表和配电箱等，1 套	
11. 启动锅炉房仪表与控制系统	包括压力、流量、温度等仪表、执行机构及控制系统，1 套	
12. 废水处理仪表与控制系统	采用 PLC 程控（包括：系统软件，应用软件，硬件系统、机柜、人机界面）及就地压力、温度、流量、分析仪表和电磁阀箱等，1 套	按工艺扩容情况增加相应仪表控制设备
13. 空调仪表与控制系统	采用独立的控制系统，包括就地压力、温度、流量等仪表和执行机构，1 套	同左

续表

系统项目	2×660MW+2×660MW	
名称	新　　建	扩建
14. 全厂工业闭路电视系统	数字式系统，包括：云台、传输光（线）、缆、视频服务器、交换机、监视器等。监测点（摄像头）170点，1套	根据监测范围调整监测点数
15. 全厂火灾探测报警系统	重要感温、感烟传感器进口，包括预制电缆，1套	同左
16. 辅助系统集中控制网络	包括上位机、网络、接口、软件、预制电缆等，1～3套	控制网络扩容
17. 厂级自动化系统	厂级监控信息系统和管理信息系统	当电厂尚无此系统时，按新建处理
九、脱硫装置系统		
1. 工艺描述	石灰石—石膏湿法烟气脱硫工艺（1炉1塔），含硫量1.3%，脱硫效率98.6%，吸收塔除尘效率50%，不含GGH，10台循环泵，4台氧化风机。烟气系统接口范围：从引风机出口接出经脱硫装置脱硫后接至烟囱入口。工艺水系统接口范围：从电厂循环水和电厂工业水接至脱硫岛外1m。压缩空气系统：从电厂压缩空气系统至脱硫岛外1m	同左

续表

系统项目	2×660MW+2×660MW	
名称	新　　建	扩建
2. 石灰石制备系统	粒径不大于20mm的石灰石块进厂，脱硫岛内设湿磨制浆车间，2 台 100%出力的湿式球磨机。范围：从自卸料口将石灰石块卸至地下料斗开始，至石灰石浆液泵出口为止	同左
3. 石膏脱水系统	一级浆液旋流器和二级皮带脱水机石膏脱水系统，2 套石膏浆液旋流器，2 台真空皮带脱水机，脱水后石膏贮存于石膏储存间。范围：从吸收塔浆液排出泵出口开始至副产品石膏堆放于石膏库房内为止	同左
4. 电气系统	脱硫负荷由高压厂用工作母线引接，每台炉设低压脱硫变压器 2 台，互为备用，交流事故保安负荷由机组保安电源统一供给，单独设 1 套交流不停电电源（UPS）	同左
5. 热控系统	主控制系统采用 2 套 FGD-DCS；脱硫闭路电视监视系统 1 套；火灾探测与报警系统 1 套；每台机组烟气连续监测装置（烟气进、出口）2 套；脱硫 pH 计、物位仪、电磁流量仪、浆液分析仪、电动/气动执行机构、变送器、测量元件等就地仪表 2 套	同左

续表

系统项目	2×660MW+2×660MW	
名称	新　建	扩建
6. 电气控制综合楼	钢筋混凝土框架	同左
7. 烟道支架	钢结构	同左
十、脱硝装置系统		
1. 液氨的贮备系统及设备	纯氨法：液氨由槽车运送到液氨储槽，在氨气蒸发器中蒸发为氨气	同左
2. SCR 反应系统	烟气在锅炉省煤器出口处被平均分为两路，每路烟气并行进入一个垂直布置的 SCR 反应器，即每台锅炉配有两个反应器，烟气经过均流器后进入催化剂层，然后烟气进入空预器、电除尘器、引风机和脱硫装置后，排入烟囱；烟气在进入催化剂前设有氨注入的系统，烟气与氨气充分混合后进入催化剂反应，脱去 NO_x；SCR 反应器入口 NO_x 浓度按 300mg/Nm^3 设计，脱硝效率≥70%	
	催化剂层数 2+1，初装两层，催化剂采用蜂窝式	

续表

系统项目	2×660MW+2×660MW	
名称	新　　建	扩建
	脱硝系统不设置烟气旁路和省煤器高温旁路系统	
	脱硝装置支撑在炉后除尘器前的支架上，由锅炉厂设计、供货，脱硝装置平台、扶梯与锅炉平台连接	
3. 土建	包括：脱硝反应器构架基础、卸氨区构筑物、配电间、室外给、排水及消防系统及综合管架	
十一、附属生产工程		
1. 启动锅炉	燃油，35t/h，1.27MPa，350℃，2 台	
2. 启动锅炉房	钢筋混凝土框（排）架	
3. 材料库	$2500m^2$	
4. 综合检修间	$2500m^2$	
5. 生产附属及公共福利工程	办公楼 $2400m^2$，食堂 $500m^2$，浴室 $200m^2$，招待所 $600m^2$，夜班宿舍 $900m^2$，检修公寓 $1400m^2$	

续表

系统项目	2×660MW+2×660MW	
名称	新　建	扩建
6. 厂区及施工区土石方	100 万 m^3	50 万 m^3
十二、交通运输工程		
1. 铁路	Ⅰ级工企铁路标准，厂外 12km（含接轨站改造），厂内 4.5km	厂内加 2.7km
2. 公路	三级厂矿道路标准，厂外 2km，路面宽 7m，路基宽 8.5m	
十三、地基处理	主厂房、烟囱、锅炉、汽机基础等采用 ϕ600×110PHC 桩，桩长 46m，约 2200 根，集控楼、电除尘、送风机支架、引风机支架、烟道支架和输煤转运站等采用 PHC 桩，辅助附属建筑物采用复合地基	
十四、灰场	山谷干灰场，占地 33hm²，满足堆灰 3 年。坝体工程量约 3 万 m^3，初期考虑排水及部分面积防渗。设灰场管理站	事故备用灰场，满足堆灰 1 年，不设灰场管理站

（十）2×660MW 机组调整模块表

序号	模块名称	技 术 条 件	造价合计（万元）
一	热力系统		
	1. 炉型		
	热机范围	包括锅炉本体，风机，除尘装置，制粉系统，烟风煤管道，锅炉其他辅机，高压汽水管道和相关保温（包括锅炉本体保温含砌筑、烟风煤管道保温、电除尘保温、高压汽水管道保温，不包括汽轮发电机组本体保温和中低压汽水管道保温）	
	A. 超超临界烟煤	其中：建筑工程费 14 355 万元，设备购置费 76 279 万元，安装工程费 38 619 万元，材差–4781 万元	124 472
		汽机纵向，机头朝向固定端，主厂房钢筋混凝土结构，单框架前煤仓布置，汽机房跨度 33m，汽机房长度 151.5m，A 排到烟囱中心线 232.5m，除氧器布置于煤仓间屋面；煤仓间跨度 13m（柱中心线间距），炉前通道 7.5m，汽机运转层标高 15.5m、柱距 10m。主厂房钢筋混凝土结构，汽机房厂房体积 179 871m^3，煤	

续表

序号	模块名称	技 术 条 件	造价合计（万元）
一		仓间体积 126 614m^3，炉前封闭体积 12 788m^3，锅炉运转层以下封闭体积 90 368m^3。主厂房体积 409 642m^3	
		超超临界，2040t/h（钢炉架，同步脱硝），全钢构架、全悬吊结构Π型	
		中速磨煤机：ZGM113N 型，12 台	
		送风机：动叶可调轴流式，Q=802 116m^3/h，4 台	
		引风机：动叶可调轴流式，Q=2 050 524m^3/h，4 台	
		一次风机：动叶可调轴流式 Q=353 800m^3/h，4 台	
		双室五电场静电除尘器，$\eta \geq$ 99.8%，4 台	
		烟风煤管道重量 3695t	
		主汽管道（P92），再热热段（P92），再热冷段（A691Gr1–1/4CrCL22），主给水管道（15NiCuMoNb5–6–4），总重 1711t	

续表

序号	模块名称	技术条件	造价合计（万元）
一	B. 超临界无烟煤	其中：建筑工程费18 939万元，设备购置费76 564万元，安装工程费 34 304 万元，材差–3618万元	126 189
		汽机纵向，机头朝向扩建端，汽机房跨度 30.6m，除氧间跨距9m，煤仓间跨度13m（柱中心线间距），炉前跨度9m，厂房为不等柱距 10、12m，厂房总长度177.5m，C排至烟囱距离167.8m，运转层标高 13.7m，主厂房钢筋混凝土结构，汽机房厂房体积184 401m^3、除氧间体积57 589m^3、煤仓间体积114 972m^3、炉前封闭体积11 837m^3；锅炉运转层以下封闭体积92 094m^3。主厂房体积460 893m^3	
		锅炉，W 火焰炉，2140t/h，2台，超临界，无烟煤炉，全钢构架、全悬吊结构Π型	
		双进双出钢球磨煤机：BBD4062，12台	
		送风机：动叶可调轴流式 Q=256m^3/s，4台	

续表

序号	模块名称	技 术 条 件	造价合计（万元）
一	C. 超临界褐煤	引风机：静叶可调轴流式 Q=504m^3/s，4 台	129 678
		一次风机：动叶可调轴流式 Q=95m^3/s，4 台	
		双室五电场静电除尘器，4 台	
		烟风煤管道重量 3695t	
		主汽管道（P91），再热热段（P91），再热冷段（A672B70CL32），主给水管道（15NiCuMoNb5–6–4），总重 1657t	
		其中：建筑工程费 23 914 万元，设备购置费 73 981 万元，安装工程费 35 438 万元，材差–3655 万元	
		主厂房采用三列式布置，汽机房—除氧（皮带）间—锅炉房，煤仓间布置在锅炉两侧；汽机纵向，机头朝向固定端，汽机房跨度 27m，除氧（皮带）间跨距 9m，煤仓间跨度 14m，柱距 10m，厂房总长度 191.8m，汽机房运转层标高 13.7m。锅炉房运转层标高 18m，主厂房钢筋混凝土结构，汽机房厂房体积 189 140m^3、除氧间	

续表

序号	模块名称	技　术　条　件	造价合计（万元）
一		体积 131 111m^3、煤仓间体积 162 690m^3、炉前封闭体积 24 318m^3；锅炉运转层以下封闭体积 103 680m^3	
		锅炉，2140t/h，2 台，超临界，褐煤炉，全钢构架、全悬吊结构 Π 型	
		中速磨煤机：HP1103 型，16 台	
		送风机：动叶可调轴流式 Q=772 812m^3/h，4 台	
		引风机：静叶可调轴流式 Q=2 597 580m^3/h，4 台	
		一次风机：动叶可调轴流式 Q=695 808m^3/h，4 台	
		双室五电场，4 台	
		烟风煤管道重量 3953t	
		主汽管道（P91），再热热段（P91），再热冷段（A672B70CL32），主给水管道（15NiCuMoNb5–6–4），总重 1657t	

续表

序号	模块名称	技 术 条 件	造价合计（万元）
一	D. 超临界烟煤	其中：建筑工程费 14 325 万元，设备购置费 64 594 万元，安装工程费 33 321 万元，材差–3618 万元	108 622
		汽机纵向，机头朝向固定端，主厂房钢筋混凝土结构，单框架前煤仓布置，汽机房跨度 33m，汽机房长度 151.5m，A 排到烟囱中心线 232.5m，除氧器布置于煤仓间屋面；煤仓间跨度 13m（柱中心线间距），炉前通道 7.5m，汽机运转层标高 15.5m。主厂房钢筋混凝土结构，汽机房厂房体积 17 9871m^3，煤仓间体积 126 614m^3，炉前封闭体积 12 788m^3，锅炉运转层以下封闭体积 90 368m^3。主厂房体积 409 642m^3	
		锅炉，2140t/h，2 台，超临界，烟煤炉，全钢构架、全悬吊结构Π型	
		中速磨煤机：ZGM113N 型，12 台	
		送风机：动叶可调轴流式 Q=802 116m^3/h，4 台	

续表

序号	模块名称	技术条件	造价合计（万元）
		引风机：静叶可调轴流式 Q=1 736 000m³/h，4 台	
		一次风机：动叶可调轴流式 Q=353 800m³/h，4 台	
		双室五电场，4 台	
		烟风煤管道重量 3695t	
		主汽管道（P91），再热热段（P91），再热冷段（A672B70CL32），主给水管道（15NiCuMoNb5–6–4），总重 1657t	
一	E. 提高参数的超超临界烟煤	其中：建筑工程费 14 355 万元，设备购置费 79 294 万元，安装工程费 45 713 万元，材差–6607 万元	132 755
		汽机纵向，机头朝向固定端，主厂房钢筋混凝土结构，单框架前煤仓布置，汽机房跨度 33m，汽机房长度 151.5m，A 排到烟囱中心线 232.5m，除氧器布置于煤仓间屋面；煤仓间跨度 13m（柱中心线间距），炉前通道 7.5m，汽机运转层标高 15.5m。主厂房钢筋混凝土结构，汽机房厂房体	

续表

序号	模块名称	技术条件	造价合计（万元）
一		积 179 871m^3，煤仓间体积 126 614m^3，炉前封闭体积 12 788m^3，锅炉运转层以下封闭体积 90 368m^3。主厂房体积 409 642m^3	
		锅炉，2 台，高效超超临界，28MPa，全钢构架、全悬吊结构Π型	
		中速磨煤机：MPS225G 型，47t/h，650kW，12 台	
		送风机：动叶可调轴流式 Q=153m^3/s，4380Pa，1600kW，4 台	
		引风机：动叶可调轴流式，Q=2 050 524m^3/h，4 台	
		一次风机：动叶可调轴流式 Q=99m^3/s，17 735Pa，3100kW，4 台	
		双室五电场静电除尘器，$\eta \geq$ 99.8%，2 台	
		烟风煤管道重量 3695t	
		主汽管道（P92），再热热段（P92），再热冷段（A672B70CL32），主给水管道（15NiCuMoNb5–6–4），总重 2084t	

续表

序号	模块名称	技术条件	造价合计（万元）
一	F. 超超临界二次再热烟煤	其中：建筑工程费 15 207 万元，设备购置费 97 051 万元，安装工程费 51 122 万元，材差–7748 万元	155 632
		汽机纵向，机头朝向固定端，主厂房钢筋混凝土结构，单框架前煤仓布置，汽机房跨度 36m，汽机房长度 151.5m，A 排到烟囱中心线 232.5m，除氧器布置于煤仓间屋面；煤仓间跨度 13m（柱中心线间距），炉前通道 7.5m，汽机运转层标高 15.5m。主厂房钢筋混凝土结构，汽机房厂房体积 191 871m^3，煤仓间体积 126 614m^3，炉前封闭体积 12 788m^3，锅炉运转层以下封闭体积 90 368m^3。主厂房体积 421 642m^3	
		锅炉，2 台，超超临界二次再热，31MPa，全钢构架、全悬吊结构Π型	
		中速磨煤机：MPS225G 型，47t/h，650kW，12 台	

续表

序号	模块名称	技 术 条 件	造价合计（万元）
一		送风机：动叶可调轴流式 Q=153m^3/s，4380Pa，1600kW，4 台	
		引风机：动叶可调轴流式，Q=2 050 524m^3/h，4 台	
		一次风机：动叶可调轴流式 Q=99m^3/s，17 735Pa，3100kW，4 台	
		双室五电场静电除尘器，$\eta\geq$99.8%，2 台	
		烟风煤管道重量 3695t	
		主汽管道（P92），再热热段（P92），再热冷段（A672B70CL32），主给水管道（15NiCuMoNb5–6–4），总重 2467t	
	2. 机型		
	热机范围	汽轮发电机本体、汽轮发电机辅助设备、旁路系统、除氧给水系统、汽机其他辅机，排汽装置（如果有），中低压汽水管道（不含主厂房内循环水管道）和相关保温（包括汽轮发电机组本体保温和中低压汽水管道保温，不包括高压管道）	

续表

序号	模块名称	技术条件	造价合计（万元）
一	A. 超超临界纯凝机组	其中：建筑工程费 0 万元，设备购置费 49 447 万元，安装工程费 6365 万元，材差–423 万元	55 389
		汽机型号：N660–25/600/600 型，2 台	
		2×50% 汽动给水泵+1×30% 起动/备用电动给水泵	
		凝结水泵：2×100%	
		8 级回热系统	
		机械真空泵：3×50%容量	
	B. 超超临界空冷机组	其中：建筑工程费 0 万元，设备购置费 45 401 万元，安装工程费 5663 万元，材差–382 万元	50 682
		汽机型号：N660–25/600/600 型，2 台	
		3×35%电动给水泵	
		凝结水泵：2×100%	
		7 级回热系统	
		机械真空泵：117kg/h　3 台	

续表

序号	模块名称	技术条件	造价合计（万元）
一	C. 超临界纯凝机组	其中：建筑工程费0万元，设备购置费44 935万元，安装工程费6359万元，材差–423万元	50 871
		汽机型号：N660–24.2/566/566型，2台	
		2×50%汽动给水泵+1×30%起动/备用电动给水泵	
		凝结水泵：2×100%	
		8级回热系统	
		机械真空泵：3×50%容量	
	D. 提高参数的超超临界纯凝机组	其中：建筑工程费0万元，设备购置费50 846万元，安装工程费6365万元，材差–423万元	56 788
		汽机型号：N660–28/600/620型，2台	
		2×50% 汽动给水泵+1×30%起动/备用电动给水泵	
		凝结水泵：2×100%	
		8级回热系统	
		机械真空泵：3×50%容量	

续表

序号	模块名称	技术条件	造价合计（万元）
一	E. 超超临界二次再热纯凝机组	其中：建筑工程费0万元，设备购置费57 476万元，安装工程费6365万元，材差–423万元	63 418
		汽机型号：N660–31/600/620型，2台	
		2×50%汽动给水泵+1×30%起动/备用电动给水泵	
		凝结水泵：2×100%	
		8级回热系统	
		机械真空泵：3×50%容量	
	3. 锅炉封闭情况		
	A. 露天		0
	B. 紧身封闭	金属保温墙板。自然进风，屋顶通风器排风	1542
	4. 锅炉真空清扫系统		
	A. 一台真空清扫车	75HP，风量3000m^3/h，真空度51kPa，两台炉各平台的吸尘管道以及煤仓间的吸尘管道	233
	B. 2台固定式真空吸尘装置	75HP，风量2750m^3/h，真空度61kPa，灰斗容量3m^3，两台炉各平台的吸尘管道以及煤仓间的吸尘管道	200

续表

序号	模块名称	技 术 条 件	造价合计（万元）
一	5. 主厂房结构		
	A. 钢筋混凝土结构	其中：建筑工程费 3914 万元，设备购置费 0 万元，安装工程费 0 万元，材差–527 万元	3387
	B. 钢结构	其中：建筑工程费 7611 万元，设备购置费 0 万元，安装工程费 0 万元，材差–837 万元	6774
	6. 烟囱		
	A. 钢筋混凝土外筒钛钢复合板双内筒烟囱	其中：建筑工程费 5489 万元，设备购置费 0 万元，安装工程费 0 万元，材差–691 万元	4798
		210–2 ϕ7.5m	
		钢筋混凝土基础 3800m^3，钢筋混凝土结构外筒壁 6700m^3，钛钢复合板板内筒 1050t	
		对应于脱硫系统不设 GGH 装置机组	
	B. 钢筋混凝土外筒、耐硫酸露点腐蚀钢板双内筒套筒式结构烟囱，内筒内喷涂烟囱专用防腐涂料	其中：建筑工程费 4796 万元，设备购置费 0 万元，安装工程费 0 万元，材差–642 万元	4154
		210–2 ϕ7.5m	
		钢筋混凝土基础 3800m^3，钢筋混凝土结构外筒壁 6700m^3，Q235 钢内筒 1050t，内壁防腐涂料 11 500m^2	
		对应于脱硫系统不设 GGH 装置机组	

续表

序号	模块名称	技术条件	造价合计（万元）
一	C. 钢筋混凝土外筒、耐硫酸露点腐蚀钢板双内筒套筒式结构烟囱，内筒内粘贴硼硅泡沫玻璃砖	其中：建筑工程费 4965 万元，设备购置费 0 万元，安装工程费 0 万元，材差–642 万元	4323
		210–2 ϕ7.5m	
		钢筋混凝土基础 3800m^3，钢筋混凝土结构外筒壁 6700m^3，Q235 钢内筒 1050t，内筒内贴硼硅泡沫玻璃砖 11 500m^2	
		对应于脱硫系统不设 GGH 装置机组	
	D. 钢筋混凝土外筒、玻璃钢双内筒套筒式结构烟囱	其中：建筑工程费 5034 万元，设备购置费 0 万元，安装工程费 0 万元，材差–540 万元	4494
		210–2 ϕ7.5m	
		钢筋混凝土基础 3800m^3，钢筋混凝土结构外筒壁 6700m^3，20mm 厚玻璃钢内筒 11 500m^2	
		对应于脱硫系统不设 GGH 装置机组	

续表

序号	模块名称	技术条件	造价合计（万元）
一	E. 钢筋混凝土外筒、密实型整体浇筑料双内筒套筒式结构烟囱	其中：建筑工程费 3253 万元，设备购置费 0 万元，安装工程费 0 万元，材差–346 万元	2907
		210–2 ϕ7.5m	
		钢筋混凝土基础 3800m^3，钢筋混凝土结构外筒壁 6700m^3，200mm 厚密实型整体浇筑料 11 500m^2	
		对应于脱硫系统不设 GGH 装置机组	
	F. 钢筋混凝土双筒耐酸砖套筒烟囱	其中：建筑工程费 3065 元，设备购置费 0 万元，安装工程费 0 万元，材差–346 万元	2719
		210–2 ϕ7.5m	
		钢筋混凝土基础 3800m^3，钢筋混凝土结构外筒壁 6700m^3，内筒为耐酸胶泥砌筑耐酸砖 2276m^3	
		对应于脱硫系统不设 GGH 装置机组	

续表

序号	模块名称	技术条件	造价合计（万元）
一	7. 主厂房框架		
	A. 单框架	其中：建筑工程费 6846 万元，设备购置费 0 万元，安装工程费 6195 万元，材差–374 万元	12 667
		单框架汽机房模块	
		汽机纵向，机头朝向固定端，主厂房单框架侧煤仓布置，钢筋混凝土结构，汽机房跨度 33m，汽机房长度 151.5m，汽机运转层标高 15.5m。汽机房厂房体积 179 871m^3	
	B. 双框架	其中：建筑工程费 9783 万元，设备购置费 0 万元，安装工程费 6195 万元，材差–382 万元	15 596
		双框架汽机房除氧间模块（注：除氧间与煤仓间之间的土建结构部分全部计入模块）	
		汽机纵向，机头朝向固定端，主厂房钢筋混凝土结构，汽机房跨度 30.6m，除氧间跨度 9m，柱距 10m，厂房长 171.5m，汽机运转层标高 13.7m。主厂房钢筋混凝土结构，汽机房厂房体积 181 079m^3，除氧间体积 49 999m^3	

续表

序号	模块名称	技术条件	造价合计（万元）
一	8. 主厂房布置		
	A. 前煤仓	其中：建筑工程费 14 798 万元，设备购置费 7007 万元，安装工程费 32 361 万元，材差–4359 万元	49 807
		包括发电机引出线，主控制室，单元控制室，直流系统，主厂房厂用电，事故保安电源装置，不停电电源装置，主厂房内电力电缆及控制电缆	
		汽机纵向，机头朝向固定端，主厂房钢筋混凝土结构，单框架前煤仓布置，汽机房跨度 33m，汽机房长度 151.5m，A 排到烟囱中心线 232.5m，除氧器布置于煤仓间屋面；煤仓间跨度 13m（柱中心线间距），炉前通道 7.5m，汽机运转层标高 15.5m。主厂房钢筋混凝土结构，汽机房厂房体积 179 871m^3，煤仓间体积 126 614m^3，炉前封闭体积 12 788m^3，锅炉运转层以下封闭体积 90 368m^3。主厂房体积 409 642m^3	

续表

序号	模块名称	技 术 条 件	造价合计（万元）
一	B. 侧煤仓	主汽管道（P92），再热热段（P92），再热冷段（A691Gr1-1/4CrCL22），主给水管道（15NiCuMoNb5-6-4），总重 1711t	
		煤仓层皮带 B=1400mm，171.5m	
		热工控制系统	
		其中：建筑工程费 14 231 万元，设备购置费 7005 万元，安装工程费 31 397 万元，材差-4154 万元	48 479
		包括发电机引出线，主控制室，单元控制室，直流系统，主厂房厂用电，事故保安电源装置，不停电电源装置，主厂房内电力电缆及控制电缆	
		汽机纵向，机头朝向固定端。主厂房布置采用单框架侧煤仓形式，按汽机房、锅炉房顺序排列，煤仓间布置于两炉之间。汽机房厂 165.5m，跨度 32m，柱距 10m，运转层标高 13.7m，煤仓间在两炉之间（40.m×66m），主厂房钢筋混凝土结构，汽机房体积 169 374m³，煤仓间体积 134 660m³，	

续表

序号	模块名称	技术条件	造价合计（万元）
一		炉前通道体积 2014m³。锅炉运转层以下封闭体积 100 259m³。主厂房体积 406 367m³	
		主汽管道（P92），再热热段（P92），再热冷段（A691Gr1−1/4CrCL22），主给水管道（15NiCuMoNb5−6−4），总重 1663t	
		煤仓层皮带 B=1400mm，171.5m	
		热工控制系统	
二	燃料供应系统		
	厂内输煤	各模块的设计范围从卸煤点受卸设施起至主厂房原煤仓（不含原煤仓，含原煤仓料位信号）配煤点止，包括全部的工艺设备（含暖通、水工）、建（构）筑物（煤仓间和煤仓间端部转运站除外）和辅助生产设施。电控设备、煤泥沉淀池、煤水净化系统、输煤综合楼、推煤机库进入基本技术方案，不进入模块	
	A. 全部铁路敞车运煤进厂	其中：建筑工程费 10 207 万元，设备购置费 7649 万元，安装工程费 855 万元，材差 0 元	18 711

续表

序号	模块名称	技术条件	造价合计（万元）
二		不含铁路配线（由主体设计院总图专业考虑）	
		单车翻车机及调车系统2套，2重2空1走行；（二期2×600MW机组增设1套翻车机，1重1空1走行）	
		带式给煤机 Q=350～860t/h，4台	
		动态轨道衡1台，火车取样机2台	
		条形封闭煤场，煤场容量2×660MW机组10天耗煤量。斗轮堆取料机 1500/1500t/h，臂长35m，折返式，2台。推煤机3台，装载机2台（二期煤场延长）	
		运煤胶带机 B=1400mm，V=2.5m/s，Q=1500t/h，双路；胶带机总长 L=2300m	
		滚轴筛 Q=1500t/h，2台；环式碎煤机 Q=1000t/h，2台	

续表

序号	模块名称	技 术 条 件	造价合计（万元）
二	B. 全部铁路底开车运煤进厂	其中:建筑工程费 11 835 万元，设备购置费 8853 万元，安装工程费 744 万元，材差 0 元	21 432
		与 A 模块的差别在于卸煤设施，不含铁路配线（由主体设计院总图专业考虑）	
		双线 10 车位底开车卸煤沟，有效长 185m。底开车 100 辆。（卸煤沟二期不再扩建） 叶轮给煤机 Q=350～1000t/h，4 台 动态轨道衡 1 台，火车取样机 1 台	
		条形封闭煤场 煤场容量 2×600MW 机组 10 天耗煤量。斗轮堆取料机 1500/1500t/h，臂长 35m，折返式，2 台。推煤机 2 台，装载机 1 台（二期煤场延长）	
		运煤胶带机 B=1400mm，V=2.5m/s，Q=1500t/h，双路；胶带机总长 L=2350m	
		滚轴筛 Q=1500t/h，2 台；环式碎煤机 Q=1000t/h，2 台	

续表

序号	模块名称	技术条件	造价合计（万元）
二	C. 全部汽车运煤进厂	其中：建筑工程费 10 953 万元，设备购置费 5674 万元，安装工程费 766 万元，材差 0 元	17 393
		一期全部汽车运煤进厂，二期应考虑其他方式运煤进厂的可能性。与 A 模块的差别在于卸煤设施，不含厂内外运煤道路（由主体设计院总图专业考虑）	
		20 车位汽车卸煤沟，有效长 120m	
		叶轮给煤机 Q=350～1000t/h，4 台	
		50t 汽车衡 7 台，汽车取制样机 4 台	
		条形封闭煤场 煤场容量 2×660MW 机组 10 天耗煤量。斗轮堆取料机 1500/1500t/h，臂长 35m，折返式，2 台。推煤机 2 台，装载机 1 台	
		运煤胶带机 B=1400mm，V=2.5m/s，Q=1500t/h，双路；胶带机总长 L=2300m	

续表

序号	模块名称	技术条件	造价合计（万元）
二		滚轴筛 Q=1500t/h，2 台；环式碎煤机 Q=1000t/h，2 台	
	D. 全部海运来煤，3.5 万吨级或 5 万吨级泊位码头	其中：建筑工程费 6786 万元，设备购置费 17 186 万元，安装工程费 1472 万元，材差 0 万元	25 444
		与 A 模块的差别在于卸煤设施、煤场容量、斗轮机形式、卸煤系统的出力	
		桥式抓斗卸船机 Q=1500t/h，2 台	
		清仓机 5 台	
		胶带机中部取样机 B=1800mm，1 台	
		煤场容量 2×600MW 机组 20 天耗煤量。 斗轮堆取料机 3600/1500t/h，臂长 35m，通过式，2 台。 推煤机 3 台，装载机 2 台。 （二期 2×600MW 机组增设 1 台斗轮机）	

续表

序号	模块名称	技术条件	造价合计（万元）
二		卸煤胶带机 B=1800mm，V=3.5m/s，Q=3600t/h，单路，码头和引桥胶带机露天布置；胶带机总长 L=1700m（此长度包括码头及引桥胶带机）	
		上煤胶带机 B=1400mm，V=2.5m/s，Q=1500t/h，双路，胶带机总长 L=1200m	
		滚轴筛 Q=1500t/h，2 台；环式碎煤机 Q=1000t/h，2 台	
三	除灰系统		
	1. 厂内除灰		
	A. 干灰集中至灰库	其中：建筑工程费 1315 万元，设备购置费 1337 万元，安装工程费 776 万元，材差 0 万元	3428
		正压气力除灰系统（灰斗法兰至灰库顶部设备、除灰控制系统），单台炉气力除灰系统出力 110t/h，输送距离 500m，双室四电场电除尘器	
		输送空压机，43m^3/min，6 台	
		灰库 D=15m，$V_{(有效)}$=3000m^3，3 座	

续表

序号	模块名称	技术条件	造价合计（万元）
三		气力除灰管道，6 根 DN250，4 根 DN150	
		湿式搅拌机 200t/h，6 台	
		干灰散装机 100t/h，3 台	
	B. 干灰集中至灰库，高浓度水力输送	其中：建筑工程费 1195 万元，设备购置费 2039 万元，安装工程费 962 万元，材差 0 万元	4196
		正压气力除灰系统（灰斗法兰至灰库顶部设备、除灰控制系统），单台炉气力除灰系统出力 110t/h，输送距离 500m，双室四电场电除尘器	
		输送空压机，$43m^3/min$，6 台	
		灰库 D=12m，$V_{(有效)}=1800m^3$，3 座	
		气力除灰管道，6 根 DN250，4 根 DN150	
		干灰制浆设备 80t/h，6 台	
		干灰散装机 100t/h，3 台	
		柱塞泵 $Q=130m^3/h$，8 台	
		喂料泵 $Q=130m^3/h$，8 台	

续表

序号	模块名称	技术条件	造价合计（万元）
三		厂内除灰管3根DN250，300m（泵房外1m）	
	2. 厂内除渣		
	A. 风冷式排渣机，斗式提升机输送至渣仓，电瓶叉车运输石子煤	其中：建筑工程费230万元，设备购置费1303万元，安装工程费79万元，材差0万元	1612
		风冷式排渣机＋斗式提升机输送系统（含控制系统）	
		风冷式排渣机（含渣井、关断门），宽度1400mm，连续出力10t/h，最大出力20t/h，排渣温度150℃以下，2台	
		碎渣机30t/h，2台	
		斗式提升机30t/h，2台	
		渣仓（露天）300m^3，2台	
		装车机100t/h，4台	
		电瓶叉车2.5t，3台	
	B. 风冷式排渣机，负压气力输送至渣仓，电瓶叉车运输石子煤	其中：建筑工程费303万元，设备购置费1885万元，安装工程费151万元，材差0万元	2339
		风冷式输渣机＋负压气力输送系统（含控制系统）	

续表

序号	模块名称	技术条件	造价合计（万元）
三		风冷式排渣机（含渣井、关断门），宽度 1400mm，连续出力 10t/h，最大出力 20t/h，排渣温度 150℃以下，2 台	
		一级碎渣机 30t/h，2 台	
		缓冲仓 15m^3，2 台	
		二级碎渣机 40t/h，2 台	
		负压气力集中系统（含渣仓顶部除尘器、真空释放阀等），出力 25t/h，输送距离 170m，输送管道 4 根 DN300	
		负压风机 91m^3/min、−49kPa，4 台	
		渣仓（露天）300m^3，2 台	
		装车机 100t/h，4 台	
	C. 机械除渣直接至渣仓，电瓶叉车运输石子煤	其中：建筑工程费 71 万元，设备购置费 1146 万元，安装工程费 92 万元，材差 0 万元	1309
		刮板捞渣机直接至渣仓的除渣系统（含控制系统）	

续表

序号	模块名称	技术条件	造价合计（万元）
		刮板捞渣机，长度 65m，出力 15～60t/h，2 台	
		渣仓（露天）200m³，4 台	
		高效浓缩机 ϕ10m，2 台	
		溢流水泵 180m³/h，4 台	
		回水泵 180m³/h，4 台	
		电瓶叉车 2.5t，3 台	
三	D. 水力除渣至脱水仓，电瓶叉车运输石子煤	其中：建筑工程费 192 万元，设备购置费 1366 万元，安装工程费 1283 万元，材差 0 万元	2841
		刮板捞渣机＋水力除渣至脱水仓的除渣系统（含控制系统）	
		刮板捞渣机，长度 35m，出力 15～60t/h，2 台	
		碎渣机 2 台，60t/h	
		渣浆泵 280m³/h，4 台	
		回水泵 260m³/h，4 台	
		高效浓缩机 ϕ12m，2 台	
		脱水仓 ϕ10m，4 台	

续表

序号	模块名称	技术条件	造价合计（万元）
三		厂内输渣管（钢管）4根DN250，800m	
		电瓶叉车2.5t，3台	
	3. 厂外除灰		
	A. 汽车运灰渣	其中：建筑工程费817万元，设备购置费906万元，安装工程费0万元，材差0万元	1723
		运灰公路5km，三级标准，每1km设25m缓冲带（宽12m），全封闭，占地60亩；17t自卸汽车，20辆，2个车位检修车库150m^2	
	B. 高浓度水力除灰、汽车运渣	其中：建筑工程费1239万元，设备购置费272万元，安装工程费3226万元，材差0万元	4737
		除灰管3根DN250，10km，灰水回水管1根ϕ325，10km；17t自卸汽车，6辆，检修车库150m^2	
四	水处理系统		
	1. 锅炉补给水处理系统		
	A. 有反渗透系统	其中：建筑工程费0万元，设备购置费1075万元，安装工程费1090万元，材差0万元	2165

续表

序号	模块名称	技术条件	造价合计（万元）
四		2×80t/h 超滤、反渗透加 2×（100～120）t/h 一级除盐加混床系统，含酸碱系统、中和池及除盐水箱等	
	B. 无反渗透系统	其中：建筑工程费 0 万元，设备购置费 719 万元，安装工程费 712 万元，材差 0 万元	1431
		过滤加一级除盐加混床系统，净出力为 2×120t/h，含酸碱系统、中和池及除盐水箱等	
	2. 循环水稳定处理系统		
	A. 加药处理	其中：建筑工程费 0 万元，设备购置费 75 万元，安装工程费 8 万元，材差 0 万元	83
		加酸加稳定处理	
	B. 弱酸处理	其中：建筑工程费 0 万元，设备购置费 806 万元，安装工程费 417 万元，材差 0 万元	1223
		过滤加双流弱酸离子交换器方案，处理水量 1600t/h	

续表

序号	模块名称	技术条件	造价合计（万元）
四	3. 凝结水精处理		
	A. 前置除铁过滤器加高速混床系统	其中：建筑工程费0万元，设备购置费1158万元，安装工程费214万元，材差0万元	1372
		2×50%前置除铁装置+3×50%高速混床系统，2机合用1套再生系统。含树脂、阀门、电气控制。既可用于超临界湿冷机组，也可用于超临界空冷机组	
	B. 粉末树脂覆盖过滤器加高速混床系统	其中：建筑工程费0万元，设备购置费1410万元，安装工程费153万元，材差0万元	1563
		3×50%粉末树脂覆盖过滤器+2×50%高速混床系统，2机合用1套再生系统。适用于空冷超临界机组。含树脂、阀门、电气控制	
	C. 粉末树脂覆盖过滤系统	其中：建筑工程费0万元，设备购置费806万元，安装工程费163万元，材差0万元	969
		按3×50%的容量配置设备，一机一套铺膜系统，进口滤元、进口自动阀门及中压阀门，含一年树脂粉用量。适用于亚临界空冷机组	

续表

序号	模块名称	技术条件	造价合计（万元）
四	4. 电厂循环水加氯系统		
	A. 电解食盐制氯	其中：建筑工程费 0 万元，设备购置费 123 万元，安装工程费 11 万元，材差 0 万元	134
		设备容量为 2×10kg/h，含电气控制	
	B. 电解海水制氯	其中：建筑工程费 0 万元，设备购置费 584 万元，安装工程费 28 万元，材差 0 万元	612
		设备容量为 2×90kg/h，设计界限：电解制氯间墙中心线外 1m 处，含工艺设备及管道、阀门，制氯间内的电气及控制设备等	
	5. 城市污水深度处理系统（中水处理）		
	A. 无中水处理		0
	B. 石灰凝聚、澄清、过滤处理（无除气装置，无曝气生物滤池）	其中：建筑工程费 3007 万元，设备购置费 2266 万元，安装工程费 396 万元，材差 0 万元	5669
		处理水量：2500～3000t/h	
		设计界限：污水深度处理站界区中心线 1m 处，包括加消石灰、加凝聚剂、加氯、加硫酸 pH 调	

续表

序号	模块名称	技术条件	造价合计（万元）
四		整系统，以及污泥浓缩池、脱水机，无除气装置及生物滤池。澄清池不封闭	
		处理后做循环水补充水及全厂工业用水、锅炉补给水水源	
		污水处理厂至电厂管道投资另计	
	C. 前置处理加微滤或超滤	其中：建筑工程费 526 万元，设备购置费 1611 万元，安装工程费 121 万元，材差 0 万元	2258
		处理水量：800t/h，过滤膜采用压力式微滤膜	
		处理后仍需软化或除盐才能做循环水补充水及全厂工业用水、锅炉补给水水源	
		污水处理厂至电厂管道投资另计	
	6. 海水淡化装置		
	A. 无		0
	B. 低温多效蒸发方案	其中：建筑工程费 1026 万元，设备购置费 16 976 万元，安装工程费 362 万元，材差 0 万元	18 364

续表

序号	模块名称	技术条件	造价合计（万元）
		按20 000t/d设计，不包括海水预处理，产水作为全厂工业用水、生活用水及锅炉补给水水源等。以黄骅电厂为依托工程	
四	C. 反渗透方案	其中：建筑工程费267万元，设备购置费8036万元，安装工程费178万元，材差0万元	8481
		按20 000t/d设计，不包括海水预处理，产水作为全厂工业用水、锅炉补给水水源等。以玉环电厂为依托工程	
五	供水系统		
	A. 二次循环：取用地表水	其中：建筑工程费15 843万元，设备购置费1663万元，安装工程费10 801万元，材差–41万元	28 266
		扩大单元制，压力水管2×DN3000，焊接钢管，管线总长L=2000m	
		8500m^{2}逆流式自然通风冷却塔2座，考虑防冻措施	
		循环水泵4台（立式斜流泵）；集中循环水泵房1座，进水间和泵房全封闭，下部结构28m×	

续表

序号	模块名称	技术条件	造价合计（万元）
		24m×11m（长×宽×深），地上结构 15m×46m×18.4m（长×宽×高）	
		补充水管 2×DN900，焊接钢管，管道单线长度 L=15km	
		补给水泵 3 台，补给水泵房 1 座，下部结构 20.9m×19.0m×20.48m（长×宽×深）	
五	B. 直流供水：河（湖）心取水[注1]	其中：建筑工程费 13 163 万元，设备购置费 2124 万元，安装工程费 1073 万元，材差–14 万元	16 346
		取水头，8 根垂直立管	
		引水隧道，1×DN4800×1000m，盾构施工	
		循环水泵房 1 座，30.1m×33.4m×19m，沉井，循环水泵 4 台	
		压力水管，2×DN3000×1200m，预应力混凝土管	
		虹吸井 2 座，10m×36m 深 7m	
		双孔钢筋混凝土排水沟，2×3.5m×3.5m×1000m	

续表

序号	模块名称	技术条件	造价合计（万元）
五		排水连接井，15m×25m，深16.5m，沉井	
		排水隧道 1×DN4850×250m，盾构施工	
		排水口，8 根垂直立管	
		海水直流系统时：淡水取水泵房一座，补给水泵 3 台，土建按 4 台一次建成。补给水管 2×DN450×15km	
		淡水直流系统时：处理容量 $3\times400m^3/h$，处理工艺同 A	
	C. 直流供水：河（湖）岸边敞开式取水[注2]	其中：建筑工程费 13 716 万元，设备购置费 1732 万元，安装工程费 1766 万元，材差–14 万元	17 200
		港池直接取水。循环水泵 4 台（立式斜流泵）；循环水泵房下部结构 27.90m×39.25m×15m，地下连续墙施工	
		扩大单元制，压力水管，2×DN3000×1200m 预应力钢筒混凝土管	
		虹吸井：16m×12m，深 7.5m	

续表

序号	模块名称	技术条件	造价合计（万元）
五		双孔钢筋混凝土排水沟，2×3.5m×3.5m×1000m	
		排水连接井：11m×5m×7m	
		排水管道 2×DN3600×200m，顶管	
		敞开式排水口：陡槽、消力池、导流堤、海漫，消力池由 12.50m 渐扩至 46m，*L*=35m，海漫 *L*=48m	
		海水直流系统时：淡水取水泵房一座，补给水泵 3 台，土建按 4 台一次建成。补给水管 2×DN450×15km	
	D. 直冷电泵	其中：建筑工程费 9612 万元，设备购置费 21 552 万元，安装工程费 10 734 万元，材差 0 万元	41 898
		机械通风直接空冷，每机排汽主管管径为 2× ϕ6m，空冷凝汽器为单排管，每机空冷凝汽器面积 1 763 869m^2（1 台机组翅片总面积）	
		每机设变频调速低噪声风机 56 台，直径9.15m，额定功率132kW	

续表

序号	模块名称	技 术 条 件	造价合计（万元）
五		2台机组空冷平台尺寸184.8m×81.4m，平台高度40m（钢筋混凝土空心管柱、钢结构平台）	
		扩大单元制，压力钢管2×DN900	
		辅机冷却水配3×35%机力塔，尺寸3×15m×15m	
		辅机循环水泵3台，辅机循环水泵房，24m×12m（地上高6.5m、地下深3.8m）	
		地表水，2×DN500×15km补给水管，升压泵房1座，补给水泵3台，土建按4台一次建成，14m×9m（地上高6.5m、地下深9.6m）	
		高压厂用电电压采用10kV一级时，每台机组设1台63/35–35MVA高压厂用工作分裂变压器和1台35MVA高压厂用公用脱硫双绕组变压器，2台机组设1台70/40–40MVA有载调压高压厂用起动/备用分裂变	

续表

序号	模块名称	技术条件	造价合计（万元）
五		压器；高压厂用电电压采用10kV、6kV二级电压时，每台机组设2台50/25/27MVA三绕组高压厂用变压器，2台机组设2台同容量有载调压三绕组高压厂用起动/备用变压器。每台机组设400V空冷PC4段，由6台空冷低压变压器（4台运行2台备用）供电。高压开关柜短路电流分断能力为40kA。空冷风机采用变频调速。增加空冷系统380V低压电力电缆约80km，控制电缆约20km	
		每台机组增加：DCS约1600点；计算机和控制电缆40km；变送器25台；风速仪5台；风向仪5台；过程开关10个；热阻60只等工程量	
		空冷平台高40m，薄壁空心钢筋混凝土柱、直径3.8m，空间钢桁架平台	
	E. 直冷汽泵	其中：建筑工程费15 042万元，设备购置费24 395万元，安装工程费10 969万元，材差0万元	50 406

续表

序号	模块名称	技术条件	造价合计（万元）
五		机械通风直接空冷，每机排汽主管管径为2× ϕ6m，空冷凝汽器为单排管，每机空冷凝汽器面积1 763 869m^2（1台机组翅片总面积）	
		每机设变频调速低噪声风机56台，直径9.15m，额定功率132kW	
		2台机组空冷平台尺寸184.8m×81.4m，平台高度40m（钢筋混凝土空心管柱、钢结构平台）	
		扩大单元制，压力钢管2×DN900	
		辅机冷却水配3×35%机力塔，尺寸3×15m×15m	
		辅机循环水泵3台，辅机循环水泵房，24m×12m（地上高6.5m、地下深3.8m）	
		汽动给水泵小机冷却采用间接空气冷却，配间冷循环水泵三台	
		小机间冷塔散热面积54万m^2，塔直径100m，高度143m	

续表

序号	模块名称	技术条件	造价合计（万元）
五		地表水，2×DN500×15km补给水管，升压泵房1座，补给水泵4台，土建按4台一次建成，14m×9m（地上高6.5m、地下深9.6m）	
		空冷平台高40m，薄壁空心钢筋混凝土柱、直径3.8m，空间钢桁架平台	
	F. 间接空冷	其中：建筑工程费21 339万元，设备购置费18 914万元，安装工程费9706万元，材差–11万元	49 948
		表凝式	
		间接空冷冷却塔从结构形式上分为三部分：基础部分、进风口支撑部分、通风部分，均为现浇钢筋混凝土结构；塔高172m；进风口直径132m；散热器面积184.5万m^2	
		其中基础部分包括：环基、X支柱支墩、冷却设备平台基础支撑墙、冷却设备平台基础；进风口支撑部分采用X支柱支撑；通风部分为双曲线型薄壳塔筒结构	

续表

序号	模块名称	技　术　条　件	造价合计（万元）
五		每台空冷汽轮机配置一座空冷塔，被加热后的冷却水通过3台循环水泵经DN3000的循环水管送入空冷塔的散热器中，冷却后的水通过DN3000的循环水管返回凝汽器	
		空冷散热器采用引进制造技术生产的椭圆翅片管，双流程布置形式，管束长15m，宽3.0m，每座空冷塔内布置散热器冷却三角数292个	
		空冷塔内冷却三角共分12个冷却段，可分段运行，每一段均设有独立的进排水阀门和放空阀	
		塔内设置两个高位膨胀水箱，设置容积为$1300m^3$的地下贮水箱两个，与空冷散热器的放空管道连接	
		主机循环冷却水系统2台机组配6台循环水泵和一座循环水泵房。厂区内循环水管道3040×14，2.45km	
		辅机冷却水2台机组配3格机力塔和1座辅机循环水泵房，机	

续表

序号	模块名称	技术条件	造价合计（万元）
五		力塔性能参数：3×3000m^3/h，尺寸 3×15.8m×15.8m，泵房尺寸36m×9m	
		厂区内补给水管道 ϕ273×6，1km	
		补给水系统同模块 D	
六	电气系统		
	1. 升压站		
	A. 500kV 屋外配电装置	其中：建筑工程费 801 万元，设备购置费 1868 万元，安装工程费 595 万元，材差 0 万元	3264
		3/2 接线，2 回出线，2 个完整串，1 个不完整串，共 7 个断路器	
	B. 500kV 屋内 GIS 配电装置	其中：建筑工程费 1278 万元，设备购置费 4255 万元，安装工程费 157 万元，材差 0 万元	5690
		3/2 接线，2 回出线，2 个完整串，高压起动/备用变压器通过 500kV 断路器直接接至其中 1 条母线，共 7 个断路器	

续表

序号	模块名称	技术条件	造价合计（万元）
六	C. 330kV屋外中型配电装置	其中：建筑工程费614万元，设备购置费2192万元，安装工程费233万元，材差0万元	3039
		3/2接线，4回出线，3个完整串，1个不完整串，共10个断路器	
	D. 220kV模块	其中：建筑工程费427万元，设备购置费535万元，安装工程费91万元，材差0万元	1053
		3回出线，2回进线，母联断路器，起动备用电源引接间隔，双母线接线，共7个断路器	
	E. 750kV模块	其中：建筑工程费1687万元，设备购置费5368万元，安装工程费555万元，材差0万元	7610
		1回出线，2回进线，本期单母线接线，远期2串3/2接线，共2个断路器	
	2. 系统二次		
	A. 电厂500kV出线2回	其中：建筑工程费0万元，设备购置费1560万元，安装工程费189万元，材差0万元	1749

续表

序号	模块名称	技术条件	造价合计（万元）
六		系统保护及安全自动装置、调度自动化（远动、电能量采集、数据网、报价）、系统通信	
	B. 电厂330kV出线4回	其中：建筑工程费0万元，设备购置费1795万元，安装工程费125万元，材差0万元	1920
		系统保护及安全自动装置、调度自动化（远动、电能量采集、数据网、报价）、系统通信	
	C. 电厂220kV出线3回	其中：建筑工程费0万元，设备购置费1382万元，安装工程费82万元，材差0万元	1464
		系统保护及安全自动装置、调度自动化（远动、电能量采集、数据网、报价）、系统通信	
	D. 电厂750kV出线1回	其中：建筑工程费0万元，设备购置费1122万元，安装工程费88万元，材差0万元	1210
		系统保护及安全自动装置，调度自动化（远动、电能量采集、数据网、报价），系统通信	
七	热工控制系统		
	生产期MIS		

续表

序号	模块名称	技术条件	造价合计（万元）
七	A. 小型机		750
		主服务器达到平均5000h无故障，具有高速响应、高速数据交换和海量处理能力，保证信息系统不间断运行，采用小型机双机热备+磁盘阵列	
		中心交换机能实现不同层交换路径负载均衡、具有多个千兆光纤端口、支持冗余配置、支持三层交换、满足VLAN划分要求等	
		系统软件满足小型机服务器对操作系统以及数据库的要求，具有网络管理、数据备份、防病毒等功能，系统安全性高	
		应用软件满足电厂日常信息管理要求，具有生产管理、经营管理、设备管理、燃料管理、办公管理等功能，并具有信息集成功能，全部国产应用软件	
	B. 微机服务器双机		850
		主服务器具有中速响应、中速数据交换能力，保证信息系统不间断运行，采用微机双机热备	

续表

序号	模块名称	技术条件	造价合计（万元）
七		中心交换机支持三层交换、能实现不同层交换路径负载均衡、具有多个千兆光纤端口、支持冗余配置、满足 VLAN 划分要求等	
		系统软件功能同 A 模块	
		应用软件满足电厂对信息管理的较高要求，具有生产管理、经营管理、设备管理、燃料管理、办公管理等功能，并具有信息集成功能。在设备管理（含物资管理）方面的要求较高，并需要高层辅助决策时，采用引进设备管理、辅助决策支持软件	
	C. 微机服务器单机		400
		主服务器在应用较少的情况下，满足信息系统数据交换及响应时间，故障时可较快恢复，采用微机服务器单机	
		中心交换机支持三层交换、具有多个千兆光纤端口、满足 VLAN 划分要求等	
		系统软件满足微机服务器对操作系统以及数据库的要求，具有网络管理、数据备份、防病毒等功能	

续表

序号	模块名称	技术条件	造价合计（万元）
七		应用软件满足电厂信息管理的基本要求，应用软件全部国产	
	D. 小型机+辅助决策支持功能		950
		主服务器达到平均 5000h 无故障，具有高速响应、高速数据交换和海量处理能力，保证信息系统不间断运行，采用小型机双机热备+磁盘阵列	
		中心交换机实现不同层交换路径负载均衡、具有多个千兆光纤端口、支持冗余配置、支持三层交换、满足 VLAN 划分要求等	
		系统软件满足小型机服务器对操作系统以及数据库的要求，具有网络管理、数据备份、防病毒等功能，系统安全性高	
		应用软件满足电厂对信息管理的较高要求，具有生产管理、经营管理、设备管理、燃料管理、办公管理等功能，并具有信息集成功能。在设备管理（含物资管理）方面的要求较高，并需要高层辅助决策时，采用引进设备管理、辅助决策支持软件	

续表

序号	模块名称	技术条件	造价合计（万元）
八	附属生产工程		
	1. 暖通及启动锅炉		
	A. 集中采暖区	其中：建筑工程费 2810 万元，设备购置费 535 万元，安装工程费 250 万元，材差 0 万元	3595
		有采暖系统，燃油，35t/h，1.27MPa，350℃，2 台	
	B. 非集中采暖区	其中：建筑工程费 1691 万元，设备购置费 273 万元，安装工程费 142 万元，材差 0 万元	2106
		无采暖系统，燃油，35t/h，1.27MPa，350℃，1 台	
	2. 氢气系统		
	A. 制氢干燥储存系统	其中：建筑工程费 78 万元，设备购置费 262 万元，安装工程费 58 万元，材差 0 万元	398
		1×10Nm^3/h 水电解制氢、干燥装置，配储氢罐 4 个	
	B. 外购氢气系统	其中：建筑工程费 112 万元，设备购置费 84 万元，安装工程费 3 万元，材差 0 万元	199

续表

序号	模块名称	技术条件	造价合计（万元）
		设置集装氢瓶及实验室检测仪表，不设在线监测仪表及大型贮氢罐、氢气干燥装置	
九	交通运输工程		
	A. 铁路运输（翻车机）	厂外铁路 12km，厂内铁路 4.5km	13 350
	B. 铁路运输（底开车）	厂外铁路 12km，厂内 4km	13 200
	C. 汽车运输	厂外专用运煤公路 3km，三级标准，路面宽 7m，路基 8.5m	1804
	D. 海运，3.5 万吨级（结构兼顾 5 万吨级）	码头平面，尺寸 274×32m^2，码头预应力管桩 D=1200mm，L=40～50m，透水栈桥，尺寸 1125×18.5m^2，引桥 600×600 预应力方桩（不含码头设备）	15 302
十	地基处理		
	A. 46m PHC 桩	主厂房、烟囱、锅炉、汽机基础等采用 ϕ600×110PHC 桩，桩长 46m，约 2200 根，集控楼、电除尘、送风机支架、引风机支架、烟道支架和输煤转运站等采用 PHC 桩，约 3000 根，辅助附属建筑物采用复合地基	12 361

续表

序号	模块名称	技术条件	造价合计（万元）
	B. 30m PHC 桩	主厂房、烟囱、锅炉、汽机基础等采用ϕ600×110PHC 桩，桩长 30m，约 2800 根，集控楼、电除尘、送风机支架、引风机支架、烟道支架和输煤转运站等采用ϕ500×100PHC 桩，桩长 22～30m，约 3800 根。辅助附属建筑物采用复合地基	8101
	C. 25m 钢筋混凝土钻孔灌注桩	主厂房、烟囱、锅炉、汽机基础等采用桩长 25m 的ϕ800 钢筋混凝土钻孔灌注桩约 2000 根，集控楼、空冷平台、灰库、送风机支架、引风机支架和输煤转运站等采用桩长 25m 的ϕ800 钢筋混凝土钻孔灌注桩约 2000 根。辅助附属建筑物采用复合地基	11 786
	D. 沿海长钢桩	主厂房、烟囱、锅炉、汽机基础等采用 70m 钢桩约 2500 根，集控楼、电除尘、送风机支架、引风机支架、烟道支架和输煤转运站等采用ϕ500×100 和ϕ600×110PHC 桩，桩长 30～40m，约 3800 根。辅助附属建筑物采用复合地基	31 416

续表

序号	模块名称	技术条件	造价合计（万元）
十一	厂区及施工区土石方工程		
	A. 平原电厂	100 万 m^3	2152
	B. 山区电厂	270 万 m^3（土石比 6:4）	8142
	C. 吹沙填海电厂	250 万 m^3	3614
十二	脱硫装置系统		
	1. 湿法脱硫主体		
	A. 湿法脱硫主体（不含 GGH）		15 166
		燃煤收到基含硫量 1.3%	
		燃煤低位发热量 20 000kJ/kg	
		脱硫效率 98.6%	
		喷淋吸收塔 2 座	
		事故浆液箱 1 座	
		氧化风机 4 台	
		循环泵 10 台	
		脱硫负荷由高压厂用工作母线引接，每台炉设低压脱硫变压器 2 台，互为备用，交流事故保安负	

续表

序号	模块名称	技　术　条　件	造价合计（万元）
十二		荷由机组保安电源统一供给，设1组110V 300Ah直流蓄电池，单独设1套20kVA交流不停电电源（UPS）	
		主控制系统采用2套FGD-DCS；工业闭路电视监视系统1套；每台机组烟气连续监测装置（烟气进、出口）2套；火灾探测与报警系统1套；脱硫pH仪、浆液分析仪、电磁流量仪、物位仪、逻辑开关、电动/气动执行机构、变送器、热电耦、风量测量及一次检测元件等就地仪表2套	
		不含地基处理	
	2. 石灰石制备系统		
	A. 石灰石制浆（湿磨）		2854
		粒径不大于20mm的石灰石块进厂	
		脱硫岛内设湿磨制浆车间，直接制备石灰石浆液	
		湿式球磨机24t/h，2台	
		混凝土石灰石块仓，2座，3天储量	

续表

序号	模块名称	技术条件	造价合计（万元）
十二	B. 石灰石制浆（干磨）		2580
		粒径不大于30mm的石灰石块进厂	
		中速磨机24t/h，2台	
		混凝土制石灰石粉仓，1座，3天储量	
		混凝土石灰石块仓，2座，3天储量	
		另设2台1000kVA低压变压器，互为备用	
	C. 石灰石粉制浆		747
		成品石灰石粉进厂	
		混凝土石灰石粉仓，厂内石灰石粉仓，1座，3天储量	
	3. 石膏脱水系统		
	A. 皮带机脱水、石膏库房		1737
		真空皮带脱水机42t/h，2台	
		混凝土石膏库房，3天容量	
		单点落料，行车整理	

续表

序号	模块名称	技术条件	造价合计（万元）
	B. 皮带机脱水、石膏仓储放		2262
		真空皮带脱水机 42t/h，2 台	
		混凝土石膏仓，2 座，2 天容量	
		石膏仓卸料装置，84t/h，2 台	
	C. 无脱水，石膏浆液外送	石膏输送管线 3km 抛弃点高差起伏不大，不考虑抛弃泵后的抛弃输送管投资	675
	4. 脱硫废水处理系统		
	A. 不单独处理	送入电厂主体工程统一处理	0
	B. 单独处理回用	无石灰、有机硫或硫化钠加药系统及脱水机等设施。废水处理目标主要去除悬浮物。处理后废水用于干灰调湿、灰场喷洒或煤场。处理水量 20t/h。含电气控制	598
	C. 单独处理排放	达到 GB 8978—1996《污水综合排放标准》中的一级排放标准，处理水量 20t/h。含脱水装置及电气控制	861
十三	脱硝装置系统		
	A. 同步脱硝（液氨）	造价范围说明：含设备、建筑、安装、其他费用、价差及基本预备费	10 800

续表

序号	模块名称	技 术 条 件	造价合计（万元）
		催化剂的层数按初装两层设计	
		液氨的贮备系统及设备（含液氨卸载装置及贮罐）	
		省煤器和 SCR 均不设烟气旁路	
	B. 同步脱硝（尿素）	造价范围说明：含设备、建筑、安装、其他费用、价差及基本预备费	11 089
		催化剂的层数按初装两层设计	
		尿素贮存、溶解、热解和输送系统及设备	
		省煤器和 SCR 均不设烟气旁路	
十四	超低排放		
	A. 达标排放	烟尘、SO_2、NO_x 排放浓度分别按 20mg/Nm^3、50mg/Nm^3、100mg/Nm^3 控制	39 188
		除尘系统：五电场静电除尘器，效率≥99.84%，出口烟尘浓度≤40mg/Nm^3	
		脱硫效率 98.6%，吸收塔除尘效率 50%	
		脱硝效率≥70%	

续表

序号	模块名称	技 术 条 件	造价合计（万元）
	B. 超低排放	烟尘、SO_2、NO_x排放浓度分别按 5（10）mg/Nm³、35mg/Nm³、50mg/Nm³控制	46 552
		除尘系统： 1. 低低温五电场静电除尘器，五个电场采用高频电源，除尘效率≥99.92%，出口烟尘浓度≤20mg/Nm³； 2. 湿式静电除尘器，双室一电场，除尘效率≥70%，出口烟尘浓度≤5mg/Nm³	
		脱硫效率 99%，吸收塔除尘效率≥75%	
		脱硝效率≥85%	

注 1 若为深海取水，造价 24 142 万元。

注 2 若为海边敞开式取水，造价 24 885 万元。

三、2×1000MW 超超临界燃煤机组火电工程限额设计参考造价指标及调整模块

（一）编制说明

1. 主要编制依据

（1）主要设备价格以中国电能成套设备有限公司提供的资料为基础，并综合考虑各发电集团公司意见，同时参照实际工程招标情况作了部分修正。

（2）建筑、安装工程主要材料价格采用北京地区 2015 年价格，其中安装材料的实际价格以电力建设工程装置性材料价格资料为基础，并结合 2015 年实际工程招标价格作了综合测算。人工工资、定额材料机械调整执行电力工程造价与定额管理总站《关于发布 2013 版电力建设工程概预算定额水平调整的通知》（定额〔2015〕44 号）。

（3）定额采用国家能源局 2013 年 8 月发布的《电力建设工程概算定额》（2013 年版）。

（4）费用标准按照 2013 年 8 月由国家能源局发布的《火力发电工程建设预算编制与计算规定》（2013 年版），其他政策文件依照惯例使用至 2015 年底止。

（5）国产机组造价内已含少量必要的进口设备、材料费用，进口汇率按 1 美元＝6.50 元人民币，其相应的进口费用已计入设备材料费中，其中的关税按《中华人民共和国进出

口关税条例》中的优惠税率计。

（6）抗震设防烈度按 7 度考虑。

（7）本指标价格只计算到静态投资，基本预备费率为 3%。

2. 编制范围

本指标不包括下列内容：

（1）灰渣综合利用项目（指厂外项目）。

（2）厂外光纤通信工程。

（3）地方性的收费。

（4）项目融资工程的融资费用。

（5）价差预备费。

（6）建设期贷款利息。

3. 基本技术组合方案说明

与 2014 年水平相比，调整了凝汽器面积。煤场封闭由防风抑尘网方案调整为全封闭干煤棚方案。

4. 费用变化说明

取价原则变化，价格水平贴近市场，采用中等偏低价格。

5. 调整指标及模块有关说明

与 2014 年水平的模块设置相比，增加了超低排放模块。

每个模块列出的明细表仅为该模块各方案间有差异的主要内容，模块方案造价不只包含明细表中列出的内容，模块造价为静态投资，含模块界限内的建筑、设备、安装费用，不含其他费用、材料价差（烟风煤管道、高压汽水管道、中低压管道价差，以及烟囱和主厂房结构模块的建筑材料价差除外）及基本预备费，脱硫及脱硝模块为完整的静态投资（含材差、其他费用及基本预备费），模块各方案造价的边界一致，可以互换，个别模块需要与其他模块联合使用。若现有调整模块不能覆盖实际工程的技术条件时，造价分析时可根据工程实际情况自行调整。

（二）2×1000MW机组限额设计参考造价指标

单位：元/kW

机组容量			2015年造价
1000MW超超临界	两台机组	新建	3156
		扩建	2904

注 1. “扩建”指在规划容量内连续扩建2台同型机组，详细技术条件与工程量见附表基本技术组合方案，在其他条件下必须进行调整。

2. 依托老厂、机组类型大于上期的建设项目，单位千瓦造价约为新建工程的92%。

（三）各类费用占指标的比例

机组容量	建筑工程费用（%）	设备购置费用（%）	安装工程费用（%）	其他费用（%）	合计（%）
2×1000MW超超临界	21.04	46.43	21.13	11.40	100

（四）2×1000MW机组新建工程其他费用汇总表

单位：万元

序号	工程或费用名称	2015年
一	建设场地占用及清理费	15 050
二	项目建设管理费	11 257

续表

序号	工程或费用名称	2015 年
三	项目建设技术服务费	18 088
四	分系统调试及整套启动试运费	829
五	生产准备费	4198
六	大件运输措施费	700
	合　　计	50 122

注　不含基本预备费，不含脱硫、脱硝装置系统的其他费用。

（五）2×1000MW 机组新建工程主要参考工程量

序号	项　目　名　称	单位	2015 年
一	主厂房体积	m^3	698 448
1	汽机房体积	m^3	282 340
2	除氧间体积	m^3	87 515
3	煤仓间体积	m^3	183 430
4	炉前封闭体积	m^3	11 448
5	锅炉运转层以下体积	m^3	92 006
6	集控楼体积	m^3	41 709
二	热力系统汽水管道，其中：	t	5913
1	高压管道	t	2683
（1）	主蒸汽管道	t	743
（2）	再热蒸汽（热段）	t	794
（3）	再热蒸汽（冷段）	t	361

续表

序号	项 目 名 称	单位	2015 年
（4）	主给水管道	t	785
2	中低压管道	t	3230
三	烟风煤管道	t	6000
四	热力系统保温油漆（含炉墙保温）	m^3	29 373
五	全厂电缆，其中：	km	2890
1	电力电缆	km	490
2	控制电缆	km	2400
六	电缆桥架（含支架）	t	2300
七	土建主要工程量		
1	主厂房基础	m^3	5771
2	主厂房框架	m^3	17 231
3	主厂房吊车梁	t	278
4	钢煤斗	t	892
5	汽机平台	m^2	6882
6	主厂房钢屋架	t	880
八	建筑三材量		
1	钢筋	t	51 890
2	型钢	t	13 915
3	木材	m^3	1079

续表

序号	项　目　名　称	单位	2015 年
4	水泥	t	188 644
九	厂区占地面积	hm^2	49
十	施工租地面积	hm^2	27

注 1. 主厂房体积含集控楼体积，含锅炉运转层以下部分体积。
2. 建筑三材量不包括铁路、码头部分。
3. 锅炉的本体管道保温按照工程量项目划分原则归入全厂保温油漆的量中。
4. 高压管道工程量计算以锅炉 K1 柱外 1m 为界。K1 柱处主汽管道标高为 76m，再热冷段管道标高为 74m，再热热段管道标高为 49m，主给水管道标高为 29m。
5. 不含脱硫、脱硝装置系统各项工程量。
6. 电缆桥架采用镀锌钢材。

（六）建筑材料及征地价格

序号	项目名称	单位	2015 年实际单价
一	建筑三材		
1	水泥	元/t	410
2	木材	元/t	2200
3	钢筋	元/t	2060
4	型钢	元/t	2100
5	钢板	元/t	2220
二	征地		

续表

序号	项目名称	单位	2015 年实际单价
1	厂区及厂外道路	元/亩	120 000
2	灰场	元/亩	70 000
三	租地	元/（亩·年）	5000

（七）1000MW 机组装置性材料实际综合价格

序号	材料名称	单位	2015 年参考价
1	主蒸汽管道 P92	元/t	94 849
2	再热热段蒸汽管道 P92	元/t	97 655
3	再热冷段蒸汽管道	元/t	43 556
4	主给水管道	元/t	63 797
5	锅炉排污、疏放水管道	元/t	12 296
6	汽机抽汽管道	元/t	24 086
7	辅助蒸汽管道	元/t	18 553
8	加热器疏水、排气、除氧器溢放水管道	元/t	18 764
9	凝汽器抽真空管道	元/t	18 115
10	汽轮机本体轴封蒸汽及疏水系统	元/t	17 213
11	汽轮发电机组油、氮气、二氧化碳、外部冷却水系统管道	元/t	18 597

续表

序号	材 料 名 称	单位	2015 年参考价
12	给水泵汽轮机本体系统管道	元/t	17 083
13	主厂房循环水、冷却水管道	元/t	14 037
14	主厂房内空气管道	元/t	16 550
15	中低压给水管道	元/t	20 266
16	0 号柴油	元/t	5970
17	烟道	元/t	6870
18	热风道	元/t	7661
19	冷风道	元/t	7485
20	送粉管道	元/t	10 919
21	原煤管道	元/t	5553
22	岩棉	元/m^3	400
23	硅酸铝	元/m^3	680
24	微孔硅酸钙	元/m^3	1300
25	超细玻璃棉	元/m^3	1130
26	电力电缆　6kV 以上	元/m	255
27	电力电缆　6kV 以下	元/m	79
28	电气控制电缆	元/m	12
29	热控电缆	元/m	10
30	计算机电缆	元/m	10

续表

序号	材料名称	单位	2015年参考价
31	补偿电缆（综合价）	元/m	23
32	共箱母线	元/m	6050
33	共箱母线（交流励磁）	元/m	13 500
34	共箱母线（直流励磁）	元/m	10 350
35	电缆桥架（钢）	元/t	7110
36	电缆支架（钢）	元/t	5053

注　炉墙砌筑材料价格在保温材料中统一体现。

（八）1000MW机组设备参考价格

序号	设备名称	规格型号	单位	2015年参考价（万元）
一、热力系统				
1	锅炉（烟煤）	超超临界，不含节油点火装置，塔式炉	台	50 000
2	锅炉（烟煤）	超超临界，不含节油点火装置，Π型炉	台	48 000
3	锅炉（烟煤）	超超临界，二次再热，不含节油点火装置，塔式炉	台	56 000
4	节油点火装置	等离子点火装置，8只（1层）	套/炉	510

续表

序号	设备名称	规格型号	单位	2015年参考价（万元）
5	节油点火装置	小油枪点火装置，8只（1层）	套/炉	180
6	汽轮机	超超临界，1000MW，四缸四排汽	台	20 000
7	汽轮机	超超临界，二次再热，五缸四排汽	台	25 000
8	汽轮发电机	QFSN–1000–2型，含静态励磁系统	台	12 500
9	中速磨煤机	HP1163/MPS235–HP–Ⅱ/ZGM123	台	540
10	双进双出钢球磨	BBD–4366，1900kW（含钢球、润滑油、密封风机等）	台	850
11	双进双出钢球磨	MGS4760，2100kW（含钢球、润滑油、密封风机等）	台	950
12	电子称重式给煤机	出力10～100t/h	台	27
13	送风机（含电机）	动叶可调轴流式 Q=1 328 000m³/h，2500kW	台	205
14	引风机（含电机）	静叶可调轴流式 Q=2 592 000m³/h，6700kW	台	250

续表

序号	设备名称	规 格 型 号	单位	2015 年参考价（万元）
15	引风机（含电机）	动叶可调轴流式 Q=2 592 000m^3/h，6700kW	台	450
16	引风机（含电机）	静叶可调轴流式 Q=2 592 000m^3/h，6700kW	台	400
17	引风机（汽动）	不含小汽机	台	145
18	引风机，汽动小汽机	引风机汽轮机（单缸、单轴、冲动式、纯凝汽、下排汽给水泵汽轮机，变参数、变功率、变转速，最大连续功率 12MW，调速范围 2850 ~ 6300r/min）包含凝汽器	台	870
19	一次风机（含电机）	动叶可调轴流式，Q=637 000m^3/h，4750kW	台	160
20	电除尘器	三室四电场（含高频电源），$\eta \geq 99.6\%$，3900t	套	4150
21	电除尘器	三室五电场（含高频电源），$\eta \geq 99.84\%$，5000t	套	4350
22	电除尘器	三室五电场（含高频电源），采用低低温技术，$\eta \geq 99.92\%$，5000t	套	5000

续表

序号	设备名称	规　格　型　号	单位	2015年参考价（万元）
23	电袋除尘器	三室一电场		5000
24	湿式除尘器	双室一电场（含电源），$\eta \geqslant 70\%$	套	3300
25	50%给水泵小汽机	小汽机及MEH等仪表与控制系统	套	900
26	50%汽动给水泵	含主泵、前置泵、出口流量：1573t/h，抽头流量：105t/h，33MPa	套	650
27	30%电动给水泵	启动泵，定速泵。含主泵、前置泵、齿轮箱、主泵电机，不含出口调节阀。芯包国产，出口和最小流量阀逆止门进口	套	620
28	100%汽动给水泵	汽动给水泵组1×100%（芯包、前置泵、出口和最小流量阀进口）	台	1150
29	100%汽泵小汽机	汽动给水泵汽轮机，单缸、单流程或双流程、下排汽凝汽式汽轮机，最大功率42 500kW，国产设备；含集装油箱，凝汽器、小机盘车、排汽管道等。进口变速箱	台	1650

续表

序号	设备名称	规格型号	单位	2015年参考价（万元）
30	凝汽器	钛管，49 000m^2	台	6125
31	凝汽器	不锈钢304，52 000m^2	台	2496
32	凝汽器	不锈钢316，52 000m^2	台	3224
33	凝汽器	不锈钢317，52 000m^2	台	4160
34	凝汽器	不锈钢316L，52 000m^2	台	3380
35	凝汽器	不锈钢317L，52 000m^2	台	4420
36	汽机旁路装置	35%BMCR，高低压两级串联	套	750
37	汽机旁路装置	100%BMCR，高低压两级串联	套	1100
38	汽机旁路装置	25%BMCR，高压一级大旁路	套	280
39	除氧器及水箱	最大出力＞3130t/h，有效容积：300m^3	套	425
40	高压加热器	三级，卧式（含阀门），双列	套	1700
41	高压加热器	三级，卧式（含阀门），单列	套	1800
42	高压加热器	三级，卧式（含阀门），单列（含外置蒸发冷却器）		1950

续表

序号	设备名称	规 格 型 号	单位	2015年参考价（万元）
43	低压加热器	四级，卧式（含阀门）	套	1080
44	凝结水泵	50%，1280m³/h，3.5MPa，1500kW	台	80
45	凝结水泵	100%。不含变频器	台	125
46	真空泵	每台汽轮机侧配3台	台	58
47	汽机房行车	130/30t，跨度33m，含保护	台	218
48	汽机房行车	235/32t，跨度30m	台	284
二、燃料供应系统				
49	翻车机	C型单车翻车机及其调车系统 Q=25节/h	套	1100
50	翻车机	折返式双车翻车机及其调车系统 Q=40节/h	套	1650
51	桥式抓斗卸船机	1500t/h 轨距22m	台	3600
52	清仓机	180HP	台	280
53	斗轮堆取料机	1500/1500t/h 臂长35m，折返式	套	1080
54	斗轮堆取料机	3600/1500t/h 臂长40m，通过式	套	1450

续表

序号	设备名称	规　格　型　号	单位	2015 年参考价（万元）
55	圆形煤场堆取料机	圆形煤场直径 120m，3600/1500t/h　堆料机臂长 35.8m，门式/桥式	台	1450
56	活化给煤机	Q=1500t/h	台	100
57	胶带输送机	1400mm（含胶带，不含皮带机保护元件，减速器为中外合资产品）	m	0.7
58	胶带输送机	1800mm（含胶带，不含皮带机保护元件，减速器为中外合资产品）	m	0.85
59	环（锤）式碎煤机	1000t/h	台	60
60	滚轴筛	Q=1500t/h	台	35
61	皮带给煤机	B=1600mm Q=350～860t/h	台	30
62	桥式叶轮给煤机	B=1400mm Q=300～1000t/h 带变频调速	台	35
63	推煤机	TY220 型	台	80
64	装载机	ZL50	台	35
65	火车取样装置	门式，跨距 6m，用于单台翻车机（缩分、破碎、液压装置进口，减速器为中外合资产品）	台	65

续表

序号	设备名称	规 格 型 号	单位	2015年参考价（万元）
66	火车取样装置	桥式，跨距13.5m，用于双线火车卸煤沟（缩分、破碎、液压装置进口，减速器为中外合资产品）	台	75
67	汽车取样装置	缩分、破碎、液压装置进口，减速器为中外合资产品	套	60
68	皮带中部取样装置	*B*=1400mm 双取样头，对应1套二级缩分、一级破碎、回煤装置（用于入炉煤，取样头、缩分、破碎装置进口）	台	75
69	皮带中部取样装置	*B*=1800mm 单取样头，对应1套三级缩分、二级破碎、回煤装置（用于入厂煤，取样头、缩分、破碎装置进口）	台	105
70	动态轨道衡	断轨	台	35
71	动态轨道衡	不断轨	台	60
72	二工位头部伸缩装置	*B*=1400mm	台	35

续表

序号	设备名称	规格型号	单位	2015年参考价（万元）
73	三工位头部伸缩装置	B=1400mm	台	40
74	运煤系统一次元件（新建）	包括双向拉绳开关、二级跑偏开关、胶带纵向撕裂检测装置、煤流检测装置、速度检测装置、堵煤信号、原煤仓高、低和连续料位信号等	套	95
75	运煤系统一次元件（扩建）	包括双向拉绳开关、二级跑偏开关、胶带纵向撕裂检测装置、煤流检测装置、速度检测装置、堵煤信号、原煤仓高、低和连续料位信号等	套	30
三、除灰系统				
76	气力除灰	输灰、控制、除尘设备等，不含管道、空压机，输送距离 850m，单台炉除灰系统出力 115t/h；三室五电场，2×48＋2×4 个灰斗（数量待核实）	套/2炉	900
77	刮板捞渣机	单侧捞渣机（关键部件进口，含渣井、关断门、液压控制等），长度 65m，出力 10～80t/h	台	480

续表

序号	设备名称	规格型号	单位	2015年参考价（万元）
78	干式排渣机	（含渣井，关断门，碎渣机，渣仓，就地控制，斗式提升机）出力：50～55t/h，长度55m	套	670
79	浓缩机	15m	台	95
四、水处理系统				
80	超滤装置	含加药装置、进水泵、保安过滤器、反洗水泵、水箱、膜组件、换热器等	t/h	1.2
81	反渗透装置	含加药装置、反洗水泵、升压泵、保安过滤器、水箱、膜组件、换热器等	t/h	1.5
82	制氢装置	含程控，无人值守，4个罐，$2\times10Nm^3/h$	套	520
83	水汽集中取样分析装置	部分仪表进口，常规仪表国产，不含凝汽器检漏	套/1机	130
84	电解海水制氯	设备容量为$2\times130kg/h$（可连续及冲击加氯），含工艺设备、管道、阀门、电气、控制等	套/2机	650

续表

序号	设备名称	规 格 型 号	单位	2015 年参考价（万元）
85	凝结水精处理装置	两机一套再生装置，含程控，含树脂，配2×50%前置过滤器+4×33%混床	套/2机	1600
五、供水系统				
86	循环水泵	流量 9.3m³/s，扬程28.5m，立式斜流泵，电动机功率 3650kW（1 机3 泵，二次循环，国产）	台	320
87	循环水泵	流量 15.7m³/s，扬程17.5m，立式斜流泵，电动机功率 4000kW（1 机2 泵，直流供水，进口）。过流部件材质常规配置	台	1180
88	循环水泵	耐海水，流量9.3m³/s，扬程 28.5m，立式斜流泵，电动机功率 3650kW（1 机 3 泵，直流供水，国产）	台	600
89	循环水泵	耐海水，流量9.3m³/s，扬程 28.5m，立式斜流泵，电动机功率 3650kW（1 机 3 泵，直流供水，国产）采用双相不锈钢	台	620

续表

序号	设备名称	规格型号	单位	2015年参考价（万元）
90	补给水泵（含电动机）	流量2520m^3/h，扬程45m，卧式离心泵，电动机功率500kW	台	32
91	直接空冷设备	包括空冷凝汽器、A型架、隔墙、蒸汽分配管、风机桥架、防护网	万m^2	40
92	空冷风机	直径9.15m，功率132kW，含变频器、风机筒、电机、齿轮箱	台	43
93	间接空冷设备	包括散热器管束、冷却三角框架、支撑件、百叶窗、散热器清洗系统、塔内管道。管束垂直布置	万m^2	45
六、电气系统				
94	主变压器	500kV 380MVA 单相无载调压	台	1050
95	主变压器	500kV 1140MVA 三相无载调压	台	2700

续表

序号	设备名称	规格型号	单位	2015年参考价（万元）
96	SF_6 断路器	500kV，50kA/63kA 罐式 液动 带合闸电阻（国产）	台	275
97	SF_6 断路器	500kV，50kA/63kA 罐式 液动	台	250
98	SF_6 断路器	500kV，50kA/63kA 柱式 带合闸电阻	台	100
99	SF_6 断路器	500kV，50kA/63kA 柱式	台	90
100	SF_6 断路器	750kV，50kA，罐式，液动，带合闸电阻	台	1000
101	高压厂用变压器	无载调压，68/34–34MVA 分裂变压器	台	445
102	高压厂用变压器	有载调压，70/44–26MVA 三绕组变压器	台	540
103	起动/备用变压器	有载调压（进口开关），220kV/10.5kV，68/34–34MVA 分裂变压器	台	560
104	起动/备用变压器	有载调压（进口开关），220kV/6.3kV，50/31.5–31.5MVA 分裂变压器	台	530

续表

序号	设备名称	规格型号	单位	2015年参考价（万元）
105	起动/备用变压器	有载调压（进口开关），500kV/10.5kV，78/45–45MVA 分裂变压器	台	960
106	500kV 户内 GIS	断路器间隔，4000A，63kA，含主母线及分支母线	间隔	600
107	500kV 户内 GIS	母线设备间隔	间隔	210
108	1000kV 户内 GIS	断路器间隔	间隔	12 000
109	发电机断路器	额定短路开断电流：对称开断分量 160kA	台	1100
110	高压开关柜	中置手车式开关柜，3150A，40kA，进口真空开关	台	20
111	高压开关柜	中置手车式开关柜，3150A，40kA，配真空断路器	台	15
112	高压开关柜	中置手车式开关柜，2000A，40kA，配真空断路器	台	14

续表

序号	设备名称	规 格 型 号	单位	2015 年参考价（万元）
113	高压开关柜	中置手车式馈线柜，1250～1600A，40kA，配真空断路器	台	12
114	高压开关柜	KYN–10，TV 柜	台	5
115	高压开关柜	F–C 单回路，40kA	台	9
116	高压开关柜	中置手车式开关柜，4000A，50kA，内配进口真空断路器	台	30
117	高压开关柜	馈线柜，1250A，50kA（合资厂真空断路器柜）	台	15
118	高压开关柜	馈线柜，50kA（合资厂单回路 F–C 柜）	台	12
119	低压开关柜	PC，主厂房内	台	7
120	低压开关柜	MCC，主厂房内	台	5
121	输煤程控装置	上位机、PLC 程控、网络通信电缆、输煤工业电视系统，不包括传感器	套	255
122	交流不停电电源装置	80kVA，单台（三相输入，单相输出）	套	40
123	网络监控系统	网络微机监控系统	套	205

续表

序号	设备名称	规格型号	单位	2015年参考价（万元）
124	柴油发电机	1800kW（含脱硫），主机进口	台	380
七、热工控制系统				
125	分散控制系统	包括DAS、MCS、SCS（含电气控制）FSSS等4功能子系统，配5个操作员站等人机接口设备，I/O点规模为12 000点	套	670
126	除渣程控装置	PLC程控，操作员站，软硬件系统，机柜，就地仪表和执行机构	套	160
127	化学补给水程控装置	PLC程控，操作员站，软硬件系统，机柜，就地仪表和执行机构	套	200
128	燃油泵房程控装置	PLC程控，操作员站，软硬件系统，机柜，就地仪表和执行机构	套	60
129	空调仪表与控制系统	PLC程控，操作员站，软硬件系统，机柜，就地仪表和执行机构	套	60
130	火检及冷却风系统	按前后墙对冲燃烧方式，84只火检，2台冷却风机，进口	套	150

续表

序号	设备名称	规　格　型　号	单位	2015年参考价（万元）
131	全厂工业闭路电视监视系统	210点	套	180
八、附属生产工程				
132	启动锅炉及辅机	燃油，50t/h，1.29MPa，300℃	台	355

注　锅炉含FSSS就地设备，工业电视、吹灰器及控制装置、烟温探测及控制设备、空气预热器间隙自控装置、炉前油系统等。

（九）2×1000MW机组基本技术组合方案

系统项目	2×1000MW+2×1000MW	
名　称	新　建	扩建
一、热力系统		
1. 主厂房结构形式及布置（含集控楼）	汽机纵向，机头朝向固定端，主厂房钢筋混凝土结构，锅炉露天；汽机房跨度34m，除氧间跨度10.5m，煤仓间跨度13.5m（柱中心），柱距10m，厂房长202.40m，汽机运转层标高17m，轨顶标高30.7m；其中主厂房体积594 994m³，汽机房体积282 340m³、除氧间体积87 515m³、煤仓间体积183 430m³、集控楼体积41 709m³、炉前体积	同左

续表

系统项目	2×1000MW+2×1000MW	
名称	新　　建	扩建
1. 主厂房结构形式及布置（含集控楼）	11 448m^3（未封闭）、锅炉运转层以下体积 92 006m^3（未封闭）	同左
2. 锅炉	超超临界烟煤炉，Π型，2980t/h（钢炉架，同步脱硝，含节油点火装置），2 台	同左
3. 汽轮机	N1000–25/600/600 型，2 台	同左
4. 汽轮发电机	型号 QFSN–1000，2 台水–氢–氢冷却、静态励磁汽轮发电机	同左
5. 制粉系统	中速磨煤机 MPS265 型，1000kW，12 台	同左
6. 风机	送风机：动叶可调轴流式 Q=369m^3/s，5164Pa，2500kW，4 台	同左
	引风机：动叶可调轴流式 Q=799m^3/s，9198Pa，8800kW，4 台	
	一次风机：动叶可调轴流式 Q=177m^3/s，21 776Pa，4750kW，4 台	
7. 除尘系统	三室五电场，4 台	同左
8. 给水泵	汽动给水泵，1564.5m^3/h，效率 83%，32.5MPa，5600r/m，4 台；电动给水泵，30%BMCR 容量，启动用，900t/h，11MPa，2 台（进口）	同左

续表

系统项目	2×1000MW+2×1000MW	
名称	新　建	扩建
9. 旁路系统	每台机组设置一套高压和低压两级串联汽轮机旁路系统，旁路容量按35%BMCR设置（进口）	同左
10. 四大管道材质	主汽管道（P92）；再热热段（P92）；再热冷段（A672B70CL32）；主给水管道（15NiCuMoNb5–6–4）	同左
11. 锅炉真空清扫系统	1台125HP真空吸尘车，两台炉各平台的吸尘管道以及煤仓间的吸尘管道	同左
12. 暖通系统	汽机房自然进风、屋顶排风机排风，制冷站3×50%风冷冷水机组，集控楼2套2×100%组合空调机组；煤仓间原煤斗高压静电除尘器	同左
13. 烟道支架	钢烟道支架为钢筋混凝土结构	同左
14. 引风机支架	钢筋混凝土框架结构	同左
15. 送风机支架	钢筋混凝土框架结构	同左
16. 烟囱	钢筋混凝土双钢内筒集束烟囱1座，240m/2×ϕ7.2m；钢筋混凝土外筒、钛钢复合板双钢内筒集束烟囱	同左

续表

系统项目	2×1000MW+2×1000MW	
名称	新　　建	扩建
二、燃煤供应系统		
1. 简要说明	运煤系统按4×1000MW规划设计，卸煤和贮煤设施分期建设	
2. 卸煤	全部铁路敞车运煤进厂，2套单车翻车机及调车系统，4台活化给煤机 Q=800t/h，2台火车取样机	同左
3. 贮煤	煤场容量2×1000MW机组20天耗煤量。斗轮堆取料机，1500/1500t/h，臂长45m，折返式，2台。推煤机3台，装载机2台	同左
4. 运煤	运煤胶带机 B=1400mm，V=2.5m/s，Q=1500t/h，双路设置；胶带机总长 L=2492m	同左
	原煤仓配煤方式采用犁煤器方案	
5. 碎、筛煤	环式碎煤机 Q=1000t/h，2台；滚轴筛 Q=1500t/h，2台	同左
6. 主要辅助建筑	输煤综合楼按6540m^3，推煤机库按2316m^3	
7. 点火油罐	500m^{3}钢油罐，2个	
8. 含油污水处理	简易装置1套	

续表

系统项目	2×1000MW+2×1000MW	
名称	新　　建	扩建
9. 栈桥	进主厂房栈桥高标高段采用钢桁架钢柱，低标高段采用钢结构；其他采用钢结构或钢筋混凝土结构	同左
10. 转运站	钢筋混凝土结构	同左
11. 斗轮机基础	钢筋混凝土基础	同左
12. 翻车机室	钢筋混凝土结构，1座翻车机室按安装2台单车翻车机设计	同左
三、除灰系统		
1. 厂内除灰渣（石子煤）方式	灰渣分除，干灰集中至灰库，范围为除尘器灰斗法兰至灰库卸料设备出口，输送距离850m，单台炉除灰系统出力115t/h，三室五电场电除尘器60个灰斗，省煤器8个灰斗；刮板捞渣机和刮板输送机两级级输送至渣仓，范围为锅炉炉底灰斗水封插板出口至渣仓卸料设备出口，单侧刮板捞渣机长度53m，出力10～80t/h，二级刮板输送机长度23m，出力10～80t/h；电瓶叉车运输石子煤，分界点为中速磨石子煤斗出口	同左
2. 厂外汽车运灰渣	运灰公路5km，三级标准，每1km设25m缓冲带（宽12m），占地60亩；16t自卸汽车，全封闭型，22辆，2个车位检修车库150m^2	

续表

系统项目	2×1000MW+2×1000MW	
名称	新　　建	扩建
3. 灰场机械	洒水车2辆，10t压路机3辆，T140推土机3辆	同左
4. 灰库	3座钢筋混凝土筒仓，无保温	同左
5. 除灰综合楼	钢筋混凝土框架结构	同左
6. 气化风机房	钢筋混凝土框架结构	同左
四、水处理系统		
1. 锅炉补给水处理	2×70t/h 超滤、反渗透加2×（100～140t/h）一级除盐加混床系统	扩建一套超滤、反渗透
2. 化验室	气：SF_6 分析；水、煤（含入厂煤、入炉煤）、油（含透平油、绝缘油、抗燃油）分析	
3. 汽水集中取样分析	含高温高压取样冷却装置及在线分析仪表，仪表配置原则按最新的化学技术规程	同左
4. 凝结水精处理	2×50%前置过滤器、4×33% H/OH型混床、混床出口不设钠表，两机一套（或单机一套）再生装置	同左
5. 循环水稳定系统	循环水加酸加阻垢剂处理	

续表

系统项目	2×1000MW+2×1000MW	
名称	新　　建	扩建
6. 循环水杀生系统	化学法制二氧化氯，设备容量为 2×20kg/h 有效氯	同左
7. 给水加药处理系统	加氨加氧联合处理，两机合用一套加药系统	同左
8. 工业废水集中处理	废水池总容积 8000m^3，100t/h 澄清器 1 台，10t/h 脱水机设 1 台，相对集中处理，正常工况下回收利用，不外排；包括酸碱再生废水、酸洗废水、空预器冲洗水等；不含含煤废水处理、含油污水处理	
9. 氢气系统	2×10Nm^3/h 电解制氢加干燥储存装置	
10. 厂区管道	防腐管道采用钢衬塑管道及不锈钢管	同左
11. 锅炉补给水处理车间	钢筋混凝土框（排）架结构	同左
12. 化验楼	钢筋混凝土框架结构	
13. 循环水加药间	钢筋混凝土框（排）架结构	
14. 制氢站	钢筋混凝土结构	
15. 废水综合楼	钢筋混凝土结构	

续表

系统项目	2×1000MW+2×1000MW	
名称	新　　建	扩建
五、供水系统		
1. 供水方式	采用扩大单元制二次循环供水系统	同左
2. 冷却塔	每台机配逆流式自然通风冷却塔 1 座，冷却塔淋水面积为 12 000m^2，考虑防冻措施	同左
3. 循环水系统	2 台机组合建 1 座循环水泵房，泵房内安装 6 台循环水泵（立式斜流泵），进水间和泵房全封闭，下部结构 29.2m×43m×10.5m（净尺寸长×宽×深），地上结构 57m×18.98m×18.5m（长×宽×高）；循环水压力水管采用焊接钢管 2×DN3700，总长 *L*=1510m	同左
4. 补给水系统	补给水为地表水，补给水泵房一座，水泵房设 3 台取水泵，土建按 5 台泵一次建成，下部结构 28.5m×27m×20m（净尺寸长×宽×深），地上结构 28.5m×27m×10m（长×宽×高）	增设 2 台水泵
5. 补给水管线	2×DN1200，焊接钢管，单线长度 *L*=15km	
6. 净化站	地表水净化站在厂内布置，处理容量 4×1400m^3/h，采用二级处理工艺：斜管/板混凝沉淀+过滤（部分）	同左

续表

系统项目	2×1000MW+2×1000MW	
名称	新　建	扩建
六、电气系统		
1. 出线回路	2 回	2 回
2. 配电装置	500kV 屋外敞开式，3/2 接线，2 回进线，2 回进线，高压备用变压器通过 1 台 500kV 断路器直接接至其中 1 条母线，共 7 台断路器	同左
3. 主变压器	每台机设 3 台国产单相变压器，容量 380MVA/台	2 台机组再设 6 台单相变压器，另设一台备用相
4. 高压厂用电源	高压厂用电压采用 6kV（电动启动给水泵电机容量为 7700kW），每台机组设 2 台 52/27–27MVA 分裂绕组高压厂用变压器，每台机组设 4 段高压厂用母线	同左
5. 高压厂用断路器	主厂房进线、馈线等全部采用真空断路器，开断电流采用 50kA；电源回路采用国产化真空断路器，馈线柜采用国产化设备；主厂房外公用系统 1250kVA 及以下低压厂用变压器回路和 1000kW 及以下电动机回路采用 F–C 设备	同左

续表

系统项目	2×1000MW+2×1000MW	
名称	新　　建	扩建
6. 起动/备用电源	500kV 配电装置一级降压引接1组2台有载调压分裂绕组变压器，容量 52/27–27MVA，正常运行时起动/备用变压器不带负荷	同左
7. 事故保安电源	每台机组设置 1 台 1800kW 柴油发电机组（含供脱硫系统保安负荷 300kW 左右）	同左
8. 交流不停电电源	每台机组设置 2 台 80kVA UPS 装置	同左
9. 网络控制系统	500kV 配电装置，3/2 接线，网络控制配置微机监控系统 1 套，就地设继电器小室，数据采集装置按串配，双上位机（操作员站）	增加本期数据采集单元
10. 直流系统	每台机组设控制 2 组 110V 1000Ah 蓄电池、配高频开关电源型充电装置 2 套（模块 n+2 冗余配置），动力 1 组 220V 2500Ah 蓄电池、配高频开关电源型充电装置 1 套（模块 n+2 冗余配置），直流屏、绝缘检查装置、电池检测装置，网络继电器室设置 2 组 220V 400Ah 蓄电池及配套高频开关电源型充电装置 2 套（模块 n+2 冗余配置）	同左

续表

系统项目	2×1000MW+2×1000MW	
名称	新　　建	扩建
11. 输煤控制系统	程控系统按 4×1000MW 规划容量考虑程控装置：2 套上位机（操作员站），DCS 控制，I/O 点数 1600 点左右，2～3 个远程站。包括网络通信电缆。输煤工业电视系统：4 个显示器，20 个摄像头（2 个彩色变焦，18 个黑白），矩阵切换器等	根据工程实际情况，考虑适当增加 I/O 点及摄像头数量
12. 全厂高压开关柜（含 F–C）	270 面，其中主厂房 186 面、输煤系统 42 面、其他系统 42 面；共计真空柜 197 面，F–C 柜 40 面，其他进线 TV 柜和母线 TV 及避雷器柜 33 面	220 面
13. 发电机—变压器组保护	采用双重化保护装置，保护屏 16 面（含起动/备用变压器保护屏 4 面）	同左
14. 升压站	500kV 屋外敞开式	同左
15. A 外构筑物	构架为钢结构，设备基础为钢筋混凝土基础	同左
七、系统二次		
1. 继电保护	500kV 线路保护 4 套、母线保护 4 套、断路器保护 7 套、线路故障录波器 1 面、保护及故障录波信息管理子站 1 套、行波测距装置 1 套及安全稳定控制装置 2 套	增加线路保护 4 套，增加断路器保护 6 套，已有系统按扩容考虑

续表

系统项目	2×1000MW+2×1000MW	
名称	新　建	扩建
2. 调度自动化	远动与网控统一考虑，配置AGC/AVC测控柜1套；500kV出线侧、起动/备用变压器高压侧配置主/校、0.2s级关口表；机组出口侧配置单、0.5s级考核表；电表处理器1套，计费小主站1套；调度数据网接入设备、二次系统安全防护设备各1套；功角测量装置、电厂竞价辅助决策系统、发电负荷考核系统各1套	同左，已有系统按扩容考虑
3. 通信	配置2套SDH 622Mb/s光端机、96门调度程控交换机1台、-48V高频开关电源2套、500Ah蓄电池2组、至调度端PCM2对；通信机房动力环境监视纳入电厂网控系统统一考虑；载波通道2路（根据工程实际需要配置）	同左，已有系统按扩容考虑
八、热工控制系统		
1. 分散控制系统（DCS）	包括DAS、MCS、SCS、FSSS等4个功能子系统（包括电气进DCS，不包括大屏幕），每台机组I/O点按12 000点计算，2套	同左
2. 汽轮机控制系统（DEH）	高压抗燃油伺服系统，纯电液数字调节方式，2套	同左

续表

系统项目	2×1000MW+2×1000MW	
名称	新　　建	扩建
3. 汽轮机危急遮断系统（ETS）	采用汽机厂专用的控制装置实现保护功能，2 套	同左
4. 汽轮机安全监测仪表（TSI）	含汽机转速、汽轮发电机轴承振动、轴向位移、差胀、缸胀、偏心、键相等功能，2 套	同左
5. 汽轮机振动分析和故障诊断系统（TDM）	含工控机、分析软件、专家诊断软件等，2 机组合配 1 套人机界面	同左
6. 吹灰程控及烟温探针系统	吹灰和烟温探针的控制纳入机组 DCS，2 套	同左
7. 除灰、除渣仪表与控制系统	采用 PLC（包括：系统软件、应用软件、硬件系统、机柜、人机界面）及就地压力、温度、流量、物位仪表和电磁阀箱、配电箱等，1 套	同左
8. 化学补给水仪表与控制系统	采用 PLC（包括：系统软件、应用软件、硬件系统，机柜、人机界面）及就地压力、温度、流量、分析仪表和电磁阀箱等，1 套	按工艺扩容情况增加相应仪表控制设备
9. 凝结水精处理仪表与控制系统	采用 PLC（包括：系统软件、应用软件、硬件系统、机柜、人机界面）及就地压力、温度、流量、分析仪表和电磁阀箱等，1 套	同左

续表

系统项目	2×1000MW+2×1000MW	
名称	新　　建	扩建
10. 燃油泵房仪表与控制系统	采用 DCS（包括：系统软件、应用软件、硬件系统、机柜、人机界面）及压力、流量、液位、温度等仪表和配电箱等，1 套	
11. 启动锅炉房仪表与控制系统	采用 PLC（包括：系统软件、应用软件、硬件系统、机柜、人机界面）包括压力、流量、温度等仪表、执行机构及控制系统，1 套	
12. 废水处理仪表与控制系统	采用 PLC（包括：系统软件、应用软件、硬件系统，机柜、人机界面）及就地压力、温度、流量、分析仪表和电磁阀箱等，1 套	按工艺扩容情况增加相应仪表控制设备
13. 空调仪表与控制系统	采用 PLC（包括：系统软件、应用软件、硬件系统，机柜、人机界面）及就地压力、温度、流量等仪表和执行机构，1 套	同左
14. 全厂工业闭路电视系统	数字式系统，系统包括：云台、传输光（线）缆、视频服务器、交换机和监视器等。监测点（摄像头）按 210 点，1 套	根据监测范围调整监测点数
15. 全厂火灾探测报警系统	感温、感烟传感器进口，包括预制电缆，1 套	同左
16. 辅助系统集中控制网络	包括上位机、网络、接口、软件、预制电缆等，1 套	控制网络扩容

续表

系统项目	2×1000MW+2×1000MW	
名称	新　　建	扩建
17. 厂级自动化系统	厂级监控信息系统和管理信息系统	当电厂尚无此系统时按新建处理
九、附属生产工程		
1. 启动锅炉	燃油快装炉，50t/h，1.3MPa 2 台	
2. 启动锅炉房	钢筋混凝土框（排）架	
3. 材料库	钢筋混凝土结构，2750m^2	
4. 综合检修间	钢筋混凝土结构，2750m^2	
5. 生产附属及公共福利工程	办公楼 2640m^2，食堂 550m^2，浴室 220m^2，招待所 660m^2，夜班宿舍 990m^2，检修公寓 1540m^2	
6. 厂区及施工区土石方	100 万 m^3	50 万 m^3
十、交通运输工程		
1. 铁路	Ⅰ级工企铁路标准，厂外 12km（含接轨站改造），厂内 4.5km	厂内加 2.7km
2. 公路	进厂道路 2km，三级厂矿道路标准，路面宽 7m，路基宽 8.5m	

续表

系统项目	2×1000MW+2×1000MW	
名称	新　建	扩建
十一、地基处理	采用ϕ800 钻孔灌注桩，桩长35m，主厂房区桩数约4000根	同左
十二、灰场	山谷干灰场，占地39hm^2，满足堆灰约3年。坝体工程量约2.58万m^3，初期考虑排水及防渗，设灰场管理站	按事故备用灰场考虑，占地35.1hm^2，满足堆灰约1年。坝体工程量约2.32万m^3，考虑排水及防渗
十三、脱硫装置系统		
1. 工艺描述	石灰石—石膏湿法烟气脱硫工艺（1炉1塔），含硫量1.3%，脱硫效率98.6%，不含GGH，10台循环泵，4台氧化风机；烟气系统接口范围：从引风机出口接出经脱硫装置脱硫后接至烟囱入口；工艺水系统接口范围：从电厂循环水和电厂工业水接至脱硫岛外1m；压缩空气系统：从电厂压缩空气系统接至脱硫岛外1m	同左

续表

系统项目	2×1000MW+2×1000MW	
名称	新　建	扩建
2. 石灰石制备系统	粒径不大于 20mm 的石灰石块进厂，脱硫岛内设湿磨制浆车间，2 台 100%出力的湿式球磨机；范围：从自卸料口将石灰石块卸至地下料斗开始，至石灰石浆液泵出口为止	同左
3. 石膏脱水系统	一级浆液旋流器和二级皮带脱水机石膏脱水系统,2 套石膏浆液旋流器，2 台 100%出力的真空皮带脱水机，脱水后石膏贮存于石膏储存间；范围：从吸收塔浆液排出泵出口开始至副产品石膏堆放于石膏库房内为止	同左
4. 电气系统	脱硫负荷由高压厂用工作母线引接,每台炉设低压脱硫变压器 2 台，互为备用，交流事故保安负荷由机组保安电源统一供给，单独设 1 套交流不停电电源（UPS）	同左
5. 热控系统	主控制系统采用 2 套 FGD–DCS；脱硫闭路电视监视系统 1 套；火灾探测与报警系统 1 套；每台机组烟气连续监测装置（烟气进、出口）2 套；脱硫 pH 计、物位仪、电磁流量仪、浆液分析仪、电动/气动执行机构、变送器、测量元件等就地仪表 2 套	同左

续表

系统项目	2×1000MW+2×1000MW	
名称	新　　建	扩建
6. 电气控制综合楼	钢筋混凝土框架	同左
7. 烟道支架	钢结构	同左
十四、脱硝装置系统		
1. 液氨的贮备系统及设备	纯氨法：液氨由槽车运送到液氨储槽，在氨气蒸发器中蒸发为氨气	同左
2. SCR反应系统	烟气在锅炉省煤器出口处被平均分为两路，每路烟气并行进入一个垂直布置的 SCR 反应器，即每台锅炉配有两个反应器，烟气经过均流器后进入催化剂层，然后烟气进入空预器、电除尘器、引风机和脱硫装置后，排入烟囱；烟气在进入催化剂前设有氨注入的系统，烟气与氨气充分混合后进入催化剂反应，脱去 NO_x；SCR 反应器入口 NO_x 浓度按 300mg/Nm^3 设计，脱硝效率≥70%	
	催化剂层数 2+1，初装两层，催化剂采用蜂窝式	
	脱硝系统不设置烟气旁路和省煤器高温旁路系统	

续表

系统项目	2×1000MW+2×1000MW	
名称	新　　建	扩建
2. SCR反应系统	脱硝装置支撑在炉后除尘器前的支架上，由锅炉厂设计、供货，脱硝装置平台、扶梯与锅炉平台连接	
3. 土建	包括：脱硝反应器构架基础、卸氨区构筑物、配电间、室外给、排水及消防系统及综合管架	

（十）2×1000MW 机组调整模块表

序号	模块名称	技术条件	造价合计（万元）
一	热力系统		
	1. 炉型		
	热机范围	包括锅炉本体、高压汽水管道和相关的保温	
	A. 一次再热Ⅱ型炉	其中：建筑工程费 1125 万元，设备购置费 96 672 万元，安装工程费 52 918 万元，价差–7764 万元	142 951
		超超临界烟煤炉，一次中间再热，2980t/h，2 台	
		主汽管道（P92）、再热热段（P92）、再热冷段（A672B70CL32）、主给水管道（15NiCuMo Nb5–6–4），高压汽水管道 2683t	
		炉基础为独立基础	

续表

序号	模块名称	技 术 条 件	造价合计（万元）
一	B. 一次再热塔式炉	其中：建筑工程费 1340 万元，设备购置费 100 700 万元，安装工程费 62 343 万元，价差–10 022 万元	154 361
		超超临界烟煤炉，一次中间再热，3097t/h，2 台	
		主汽管道（P92）、再热热段（P92）、再热冷段（A672B70 CL32）、主给水管道（15NiCuMoNb5–6–4），高压汽水管道 3313t	
		炉基础为独立基础	
	C. 二次再热塔式炉	其中：建筑工程费 1474 万元，设备购置费 112 784 万元，安装工程费 103 291 万元，价差 –19 086 万元	198 463
		超超临界烟煤炉，2702t/h，2 台	
		主汽管道（P92）；一次再热热段（P92）；二次再热热段（P92）；一次再热冷段（A691 1–1/4Cr CL22）；二次再热冷段（A691 1–1/4Cr CL22）；主给水管道（15NiCuMoNb5–6–4）；高压汽水管道 6545t	
		炉基础为独立基础	

续表

序号	模块名称	技术条件	造价合计（万元）
一	2. 机型		
	热机范围	热力汽水系统，包括汽轮发电机组、热力系统汽水管道、热力系统保温等，不含锅炉本体、高压汽水管道	
	A. 一次再热纯凝机组	其中：建筑工程费 21 277 万元，设备购置费 47 694 万元，安装工程费 12 829 万元，价差 –2974 万元	78 826
		汽机纵向，机头朝向固定端，主厂房钢筋混凝土结构，锅炉露天；汽机房跨度 34m，除氧间跨度 10.5m，煤仓间跨度 13.5m（柱中心线间距），柱距 10m，厂房长 202.4m，汽机运转层标高 17m，轨顶标高 30.7m；主厂房体积 594 994m^3，其中汽机房体积 282 340m^3，除氧间体积 87 515m^3，煤仓间体积 183 430m^3，集控楼体积 41 709m^3；炉前体积 11 448m^3（未封闭）、锅炉运转层以下体积 92 006m^3（未封闭）	

续表

序号	模块名称	技术条件	造价合计（万元）
一	A. 一次再热纯凝机组	超超临界汽轮机，一次中间再热，1000MW，25/600/600，单轴，四缸四排汽，八级抽汽，2台	
		高压加热器，三级，卧式，双列，2套	
		低压加热器，四级，卧式，2套	
		高压和低压两级串联汽轮机旁路系统，35%BMCR，2套	
		中低压管道3230t	
		保温4259m^3	
	B. 二次再热纯凝机组	其中：建筑工程费21 884万元，设备购置费63 061万元，安装工程费16 666万元，价差–3372万元	98 239
		汽机纵向，机头朝向固定端，主厂房钢筋混凝土结构，锅炉露天；汽机房跨度34m，除氧间跨度10.5m，煤仓间跨度13.5m（柱中心线间距），柱距10m，厂房长212.4m，汽机运转层标高17m，轨顶标高30.7m；主厂房体积571 767m^3，其中汽机房体积296 105m^3，除氧间体积	

续表

序号	模块名称	技术条件	造价合计（万元）
一		92 232m³，煤仓间体积183 430m³，集控楼体积41 709m³；炉前体积 11 448m³（未封闭）、锅炉运转层以下体积92 006m³（未封闭）	
		超超临界汽轮机，二次中间再热，1000MW，31/600/610/610，单轴，五缸四排汽，十级抽汽，2 台	
		高压加热器，四级，卧式，双列，2 套	
		低压加热器，五台全容量，卧式，2 套	
		高、中、低压三级串联汽轮机旁路系统，65%BMCR，2 套	
		中低压管道 4280t	
		保温 6334m³	
	3. 主厂房结构		
	A. 钢筋混凝土结构	其中：建筑工程费 7707 万元，设备购置费 0 万元，安装工程费 0 万元，价差−1028 万元	6679
	B. 钢结构	其中：建筑工程费 14 083 万元，设备购置费 0 万元，安装工程费 0 万元，价差−1509 万元	12 574

续表

序号	模块名称	技 术 条 件	造价合计（万元）
一	4. 主厂房布置		
	A. 前煤仓	其中：建筑工程费 22 056 万元，设备购置费 276 万元，安装工程费 51 913 万元，价差 –10 629 万元	63 616
		包括高压汽水管道和相关保温	
		包括煤仓层皮带	
		包括主厂房内电力电缆、控制电缆及热控电缆	
		汽机纵向，机头朝向固定端，主厂房钢筋混凝土结构，锅炉露天；汽机房跨度 34m，除氧间跨度 10.5m，煤仓间跨度 13.5m（柱中心线间距），柱距 10m，厂房长 202.4m；主厂房体积 594 994m^3，其中汽机运转层标高 17m。汽机房厂房体积 282 340m^3，除氧间体积 87 515m^3，煤仓间体积 183 430m^3，集控楼体积 41 709m^3	
		主汽管道（P92）；再热热段（P92）；再热冷段（A672B70CL32）；主给水管道（15NiCuMoNb5–6–4）；高压汽水管道量 2683t	
		煤仓层皮带 B=1400mm，双路布置，196m	

续表

序号	模块名称	技　术　条　件	造价合计（万元）
一	B. 侧煤仓	其中：建筑工程费 18 520 元，设备购置费 136 万元，安装工程费 49 272 万元，价差–9810万元	58 118
		包括汽水管道和相关保温	
		包括煤仓层皮带	
		包括主厂房内电力电缆、控制电缆及热控电缆	
		汽机纵向，机头朝向固定端，主厂房钢筋混凝土结构，按汽机房、除氧间、锅炉房顺序排列，煤仓间布置于两炉之间的炉侧。汽机房跨度 34m，除氧间跨度 10m，柱距 10m，（柱中心线间距），厂房长 202.4m，汽机运转层标高 17m。煤仓间跨度 7.5/7/7.5m，柱距 10m，6 档，柱距 11m，1 档，主厂房体积 472 656m^3，其中汽机房体积 282 340m^3，除氧间体积 84 725m^3，煤仓间体积 105 591m^3	
		主汽管道（P92）；再热热段（P92）；再热冷段（A672B70CL32）；主给水管道（15NiCuMoNb 5–6–4）；高压汽水管道量 2506t	
		煤仓层皮带 B=1400mm，L=62.725/67.41/62.725m	

续表

序号	模块名称	技术条件	造价合计（万元）
一	5. 烟囱		
	A. 钢筋混凝土外筒钛钢复合板双钢内筒集束烟囱	其中：建筑工程费 6533 万元，设备购置费 0 万元，安装工程费 0 万元，价差–397 万元	6136
		240m/2ϕ7.2m	
		钢筋混凝土基础 5086m^3，钢筋混凝土外筒 8614m^3，钛钢复合板钢内筒 1442t，双钢内筒集束烟囱	
		对应于脱硫系统不设置 GGH 装置机组	
	B. 钢筋混凝土外筒、耐硫酸露点腐蚀钢板双内筒套筒式结构烟囱，内筒喷涂烟囱专用防腐涂料	其中：建筑工程费 5729 万元，设备购置费 0 万元，安装工程费 0 万元，价差–842 万元	4887
		240m/2ϕ7.2m	
		钢筋混凝土基础 5086m^3，钢筋混凝土外筒 8614m^3，Q235 钢内筒 1619t，内筒喷涂烟囱专用防腐涂料 11 000m^2	
		对应于脱硫系统不设置 GGH 装置机组	

续表

序号	模块名称	技术条件	造价合计（万元）
一	C. 钢筋混凝土外筒、耐硫酸露点腐蚀钢板双内筒套筒式结构烟囱，内筒内粘贴硼硅泡沫玻璃砖	其中：建筑工程费 5853 万元，设备购置费 0 万元，安装工程费 0 万元，价差–842 万元	5011
		240m/2ϕ7.2m	
		钢筋混凝土基础 5086m^3，钢筋混凝土外筒 8614m^3，耐硫酸露点钢内筒 1619t，内筒粘贴硼硅泡沫玻璃砖 11 000m^2	
		对应于脱硫系统不设置 GGH 装置机组	
	D. 钢筋混凝土外筒、玻璃钢双内筒套筒式结构烟囱	其中：建筑工程费 5918 万元，设备购置费 0 万元，安装工程费 0 万元，价差–690 万元	5228
		240m/2ϕ7.2m	
		钢筋混凝土基础 5086m^3，钢筋混凝土外筒 8614m^3，20mm 厚玻璃钢内筒 12 850m^2	
		对应于脱硫系统不设置 GGH 装置机组	

续表

序号	模块名称	技术条件	造价合计（万元）
一	E. 钢筋混凝土外筒、密实型整体浇筑料双内筒套筒式结构股烟囱	其中：建筑工程费5237万元，设备购置费0万元，安装工程费0万元，价差−842万元	4395
		240m/2ϕ7.2m	
		钢筋混凝土基础 5086m^3，钢筋混凝土外筒 8614m^3，200mm厚密实型整体浇筑料11 000m^2	
		对应于脱硫系统不设置 GGH 装置机组	
	F. 钢筋混凝土外筒双钢内筒集束烟囱	其中：建筑工程费4883万元，设备购置费0万元，安装工程费0万元，价差−842万元	4041
		240m/2ϕ7.2m	
		钢筋混凝土基础 5086m^3，钢筋混凝土外筒 8614m^3，耐硫酸露点钢内筒 1619t，内筒防腐涂料11 000m^2，双钢内筒集束烟囱	
		对应于脱硫系统设置 GGH 装置机组	

续表

序号	模块名称	技术条件	造价合计（万元）
二	燃料供应系统		
	1. 厂内输煤[注1]	各模块的设计范围从卸煤点受卸设施起至主厂房原煤仓（不含原煤仓，含原煤仓料位信号）配煤点止，包括全部的工艺设备（含暖通、水工）、建（构）筑物（煤仓间和煤仓间端部转运站除外）和辅助生产设施。电控设备、煤泥沉淀池、煤水净化系统、输煤综合楼、推煤机库进入基本技术方案，不进入模块	
	A. 全部铁路敞车运煤进厂	其中：建筑工程费 11 027 万元，设备购置费 8858 万元，安装工程费 939 万元，价差 0 万元	20 824
		不含铁路配线（由主体设计院总图专业考虑）	
		单车翻车机及调车系统 2 套	
		2 重 2 空 1 走行	
		活化给煤机 Q=800t/h，4 台	
		动态轨道衡 1 台，火车取样机 2 台	
		煤场容量 2×1000MW 机组 20 天耗煤量	

续表

序号	模块名称	技术条件	造价合计（万元）
		斗轮堆取料机 1500/1500t/h，臂长 45m，折返式，2 台	
		推煤机 3 台，装载机 2 台	
		运煤胶带机 B=1400mm，V=2.5m/s，Q =1500t/h，双路；胶带机总长 L=2492m	
		滚轴筛 Q=1500t/h，2 台	
		环式碎煤机 Q=1000t/h，2 台	
二	B. 全部海运来煤，3.5 万吨级或 5 万吨级泊位码头（斗轮机煤场）	其中：建筑工程费 7771 万元，设备购置费 17 581 万元，安装工程费 1585 万元，价差 0 万元	26 938
		与 A 模块的差别在于卸煤设施、斗轮机形式、卸煤系统的出力	
		桥式抓斗卸船机 Q=1500t/h，2 台	
		清仓机 5 台	
		胶带机中部取样机 B=1800mm，1 台	
		煤场容量 2×1000MW 机组 20 天耗煤量	

续表

序号	模块名称	技术条件	造价合计（万元）
二		斗轮堆取料机 3600/1500t/h，臂长 40m，通过式，2 台	
		推煤机 3 台，装载机 2 台	
		卸煤胶带机 B=1800mm，V=3.5m/s，Q=3600t/h，双路设置，本期安装 1 路，码头和引桥胶带机露天布置；胶带机单路总长 L=1810m（此长度包括码头及引桥胶带机）	
		上煤胶带机 B=1400mm，V=2.5m/s，Q=1500t/h，双路设置；胶带机单路总长 L=1296m	
		原煤仓配煤方式采用犁煤器方案	
		滚轴筛 Q=1500t/h，2 台	
		环式碎煤机 Q=1000t/h，2 台	
	C. 全部海运来煤，3.5 万吨级或 5 万吨级泊位码头（圆形煤场）	其中：建筑工程费 15 459 万元，设备购置费 17 911 万元，安装工程费 1690 万元，价差 0 万元	35 060
		与 A 模块的差别在于煤场结构形式、堆取料机形式、卸煤系统的出力	
		桥式抓斗卸船机 Q=1500t/h，2 台	

续表

序号	模块名称	技术条件	造价合计（万元）
二		清仓机 5 台	
		胶带机中部取样机 B=1800mm，1 台	
		封闭式圆形煤场 2 座，直径 120m，挡墙高度 12.5m，单仓贮量 15 万 t，煤场容量 2×1000MW 机组 20 天耗煤量	
		堆取料机，堆料 3600t/h，臂长 35.8m；取料 1500t/h，门式，2 台	
		活化给煤机 Q=1500t/h 4 台	
		推煤机 3 台，装载机 2 台	
		卸煤胶带机 B=1800mm，V=3.5m/s，Q=3600t/h，单路，码头和引桥胶带机露天布置；胶带机总长 L=1810m（此长度包括码头及引桥胶带机）	
		上煤胶带机 B=1400mm，V=2.5m/s，Q=1500t/h，双路，胶带机总长 L=1866m	
		滚轴筛 Q=1500t/h，2 台	
		环式碎煤机 Q=1000t/h，2 台	

续表

序号	模块名称	技术条件	造价合计（万元）
二	2. 煤场	按工艺流程分界，从进入煤场的胶带机开始，至出煤场胶带机终止，此范围内的全部工艺、土建费用，包括转运站，不包括桩基处理费用	
	A. 条形煤场	其中：建筑工程费 11 494 万元，设备购置费 4145 万元，安装工程费 403 万元，价差 0 万元	16 042
		煤场容量 2×1000MW 机组 20 天耗煤量	
		斗轮堆取料机 1500/1500t/h，臂长 45m，折返式，2 台	
		推煤机 3 台，装载机 2 台	
		煤场胶带机 B=1400mm，V=2.5m/s，Q=1500t/h，双路；胶带机总长 L=1458m	
		封闭型条形煤场，型式为煤场全长设置干煤棚，两端设置防风抑尘网，高度为 18m。干煤棚 2 座，单座长度 300m，跨度 120m	

续表

序号	模块名称	技术条件	造价合计（万元）
二	B. 圆形煤场	其中：建筑工程费 9012 万元，设备购置费 4295 万元，安装工程费 645 万元，价差 0 万元	13 952
		封闭式圆形煤场 2 座，直径 120m，挡墙高度 12.5m，单仓贮量 15 万 t，煤场容量 2×1000MW 机组 20 天耗煤量	
		堆取料机，堆料 3600t/h，臂长 35.8m；取料 1500t/h，门式，2 台	
		活化给煤机 Q=1500t/h 4 台	
		推煤机 3 台，装载机 2 台	
三	除灰系统		
	厂内除渣		
	A. 机械除渣直接至渣仓，电瓶叉车运输石子煤	其中：建筑工程费 0 万元，设备购置费 1504 万元，安装工程费 324 万元，价差 0 万元	1828
		刮板捞渣机直接至渣仓的除渣系统（含控制系统）	
		刮板捞渣机，长度 53m，出力 10～80t/h，2 台	

续表

序号	模块名称	技术条件	造价合计（万元）
三		渣仓（露天）80m^3，2 台	
		高效浓缩机ϕ10m，2 台	
		贮水池ϕ10m，2 台	
		溢流水泵 270m^3/h，4 台	
		回水泵 264m^3/h，4 台	
		电瓶叉车 2.5t，3 台	
	B. 风冷式排渣机加二级输送系统，电瓶叉车运输石子煤	其中：建筑工程费 0 万元，设备购置费 1549 万元，安装工程费 183 万元，价差 0 万元	1732
		风冷式排渣机＋二级输送系统（含控制系统）	
		风冷式排渣机（含渣井、关断门），宽度 1400mm，连续出力 15t/h，最大出力 30t/h，排渣温度 150℃以下，2 台	
		碎渣机 40t/h，2 台	
		二级输送设备 40t/h，2 台	
		渣仓（露天）400m^3，2 台	
		装车机 100t/h，4 台	
		电瓶叉车 2.5t，3 台	

续表

序号	模块名称	技术条件	造价合计（万元）
四	水处理系统		
	1. 锅炉补给水处理系统		
	A. 一级反渗透系统	其中：建筑工程费 0 万元，设备购置费 1149 万元，安装工程费 1364 万元，价差 0 万元	2513
		2×70t/h 反渗透加 2×（100～140t/h）一级除盐加混床系统，含酸碱系统、中和池及除盐水箱等	
	B. 二级反渗透系统	其中：建筑工程费 0 万元，设备购置费 1438 万元，安装工程费 1354 万元，价差 0 万元	2792
		2×90t/h 两级反渗透加混床，含酸碱系统、中和池及除盐水箱等	
	C. 无反渗透系统	其中：建筑工程费 0 万元，设备购置费 881 万元，安装工程费 947 万元，价差 0 万元	1828
		过滤加一级除盐加混床系统，净出力为 100～140t/h，含酸碱系统，废水泵及除盐水箱等	

续表

序号	模块名称	技术条件	造价合计（万元）
四	2. 循环水稳定处理系统		
	A. 加药处理	其中：建筑工程费 0 万元，设备购置费 76 万元，安装工程费 17 万元，价差 0 万元	93
		加酸、加阻垢剂处理	
	B. 无		0
	3. 循环冷却水加氯系统		
	A. 化学法制二氧化氯	其中：建筑工程费 0 万元，设备购置费 70 万元，安装工程费 17 万元，价差 0 万元	87
		2×20kg/h	
	B. 电解海水制氯	其中：建筑工程费 0 万元，设备购置费 655 万元，安装工程费 1 万元，价差 0 万元	656
		电解海水制氯，设备容量为 2×130kg/h（可连续及冲击加氯），设计界限：电解制氯间墙中心线外 1m 处，含工艺设备及管道、阀门，制氯间内的电气及控制设备等	

续表

序号	模块名称	技术条件	造价合计（万元）
四	C. 循环冷却系统(淡水)电解食盐制氯	其中：建筑工程费 0 万元，设备购置费 135 万元，安装工程费 12 万元，价差 0 万元	147
		设备容量为 2×15kg/h，含电气控制	
	D. 直流冷却（淡水）加次氯酸钠（外购）	其中：建筑工程费 0 万元，设备购置费 81 万元，安装工程费 38 万元，价差 0 万元	119
	4. 再生水（中水）深度处理系统		
	A. 无再生水（中水）处理		0
	B. 石灰凝聚、澄清、过滤处理（无除气装置，无曝气生物滤池）	其中：建筑工程费 2239 万元，设备购置费 5841 万元，安装工程费 80 万元，价差 0 万元	8160
		处理水量：4000～4500t/h	
		设计界限：污水深度处理站界区中心线 1m 处，包括加消石灰、加凝聚剂、加氯、加硫酸 pH 调整系统，以及污泥浓缩池、脱水机，无除气装置及生物滤池，澄清池不封闭	

续表

序号	模块名称	技术条件	造价合计（万元）
四		处理后做循环水补充水及全厂工业用水、锅炉补给水水源	
		污水处理厂至电厂管道投资另计	
五	供水系统		
	A. 二次循环：取用地表水	其中：建筑工程费 29 117 万元，设备购置费 3502 万元，安装工程费 16 484 万元，价差 0 万元	49 103
		单元制，压力水管 2×DN3700，焊接钢管，管线总长 L=1510m	
		12 000m^2 逆流式自然通风冷却塔 2 座，考虑防冻措施	
		循环水泵 6 台（立式斜流泵）；循环水泵房 1 座，进水间和泵房全封闭，下部结构 29.2m×43m×10.5m（净尺寸，长×宽×深），地上结构 57m×18.98m×18.5m（长×宽×高）	
		补充水管 2×DN1200，焊接钢管，管道单线长度 L=15km	

续表

序号	模块名称	技术条件	造价合计（万元）
		补给水泵 3 台，补给水泵房 1 座(土建按 5 台泵一次建成)，下部结构 28.5m×27m×20m（净尺寸，长×宽×深），地上结构 28.5m×27m×10m（长×宽×高）	
		地表水净化站在厂内布置，处理容量 4×1400m^3/h，采用二级处理工艺：斜管/板混凝沉淀+过滤（部分）	
五	B. 海水直流供水	其中：建筑工程费 25 939 万元，设备购置费 6981 万元，安装工程费 7113 万元，价差 0 万元	40 033
		取水头，2×7 根垂直立管	
		引水隧道，2×DN4200×1000m，盾构施工	
		循环水泵房 1 座，下部结构 46.9m×38.4m×22.1m(净尺寸长×宽×深)，地上结构 19.7m×59.25m×23.1m（长×宽×高），沉井，循环水泵 4 台	
		单元制，压力水管 2×DN3700×1200m，预应力混凝土管	

续表

序号	模块名称	技术条件	造价合计（万元）
五		虹吸井2座，23.4m×29.2m高11.2m	
		双孔钢筋混凝土排水沟，2×3.6m×3.6m×1000m	
		排水连接井1座，26.4m×15.4m深15m，沉井	
		钢筋混凝土排水隧道2×DN4200×250m，盾构施工	
		排水口，2×7根垂直立管	
		淡水取水泵房一座，水泵房设3台取水泵，土建按4台泵一次建成；补给水管2×DN600×15km，地表水净化站在厂内布置，处理容量3×400m^3/h，采用二级处理工艺：斜管/板混凝沉淀+过滤（部分）	
	C. 直接空冷	其中：建筑工程费24 992万元，设备购置费32 172万元，安装工程费18 166万元，价差0万元	75 330
	主机直接空冷系统	机械通风直接空冷，每台机排汽主管管径为2×ϕ7.6m，空冷凝汽器为单排管，每台机空冷凝汽器面积2 287 058m^2（1台机组翅片总面积）	

续表

序号	模块名称	技术条件	造价合计（万元）
五		每机设变频调速低噪声风机80台，直径9.144m，额定功率110kW	
		2台机组空冷平台尺寸227.4m×92m，平台高度50m（钢筋混凝土空心管柱、钢结构平台）	
		扩大单元制，压力钢管2×DN900	
		辅机机冷却水配3×35%机力塔，尺寸3×15m×15m	
		辅机循环水泵3台，辅机循环水泵房，30m×9m（包括配电间）（地上8m，地下5.5m），进水前池长18.4m，宽7.6m，地下深5.5m	
		地表水，2×DN500×15km补给水管，升压泵房1座，补给水泵3台，土建按4台一次建成，15m×30m（地上高13m，地下深13.29m），仅是水泵间，不包括进水前池	
		地表水净化站在厂内布置，处理容量3×500m^3/h，处理工艺同A（若以再生水作为辅机冷却水系统的补充水源，地表水处理容量适当减少）	

续表

序号	模块名称	技术条件	造价合计（万元）
五	小机间冷系统	每台机组配 1 座自然通风小机间冷塔及 1 座循环水泵房	
		每座塔内冷却器总散热面积 333 175m^2（1 台机组翅片总面积），冷却三角数 70 个。翅片管排数 2 排，流程数 2	
		空冷塔支柱零米直径 94m；进风口高度 13.5m；喉部高度 116.61m；喉部直径 52m；出口高度 149.5m，出口直径 55m	
		每座循环水泵房尺寸 36m×9m（包括配电间），地上高 9.0m，地下深 4.1m；每座泵房内设 3 台循环水泵	
		高压厂用电电压采用 10kV 一级时，每台机组设 2 台 50/31.5–31.5MVA 高压厂用工作分裂变压器和 2 台 50/31.5–31.5MVA 有载调压高压厂用起动/备用分裂变压器；每台机组设 400V 空冷 PC6 段，由 8 台 2500kVA 空冷低压变压器供电（6 台运行 2 台备用）。高压开关柜短路电流分断能力为 40kA。空冷风机采用变频调速。增加空冷系统 380V 低压电力电缆约 80km，控制电缆约 40km	

续表

序号	模块名称	技术条件	造价合计（万元）
六	电气系统		
	1. 发电机出口断路器		
	A. 发电机出口不装设断路器		0
	B. 发电机出口装设断路器	其中：建筑工程费 0 万元，设备购置费 2215 万元，安装工程费 1 万元，价差 0 万元	2216
		额定短路开断电流：对称开断分量 160kA	
	2. 高压厂用电源		
	A. 分裂无载调压变压器	其中：建筑工程费 0 万元，设备购置费 1450 万元，安装工程费 23 万元，价差 0 万元	1473
		高压厂用电压采用 6kV（或 10kV），每台机组设 2 台 52/27–27MVA 分裂无载调压高压厂用变压器	
	B. 分裂变压器与双绕组无载调压变压器	其中：建筑工程费 0 万元，设备购置费 1591 万元，安装工程费 22 万元，价差 0 万元	1613
		高压厂用电压采用 6kV（或 10kV），每台机组设 2 台无载调压高压厂用变压器，1 台 58/34–34MVA，1 台 34MVA	

续表

序号	模块名称	技术条件	造价合计（万元）
六	C. 分裂无载调压变压器	其中：建筑工程费 0 万元，设备购置费 1158 万元，安装工程费 13 万元，价差 0 万元	1171
		高压厂用电压采用 6kV（或 10kV），每台机组设 1 台 82/48–48MVA 分裂无载调压高压厂用变压器	
	3. 起动/备用电源		
	A. 2台分裂起动/备用变压器	其中：建筑工程费 0 万元，设备购置费 1394 万元，安装工程费 30 万元，价差 0 万元	1424
		500kV 配电装置一级降压引接 1 组 2 台 52/27–27MVA 分裂有载调压起动/备用变压器	
	B. 分裂变压器与双绕组高压起动/备用变压器	其中：建筑工程费 0 万元，设备购置费 1515 万元，安装工程费 26 万元，价差 0 万元	1541
		500kV 配电装置一级降压引接 1 组 2 台有载调压变压器作高压备用变压器，1 台 58/34–34MVA，1 台 34MVA	

续表

序号	模块名称	技术条件	造价合计（万元）
六	C. 1台分裂起动/备用变压器	其中：建筑工程费 0 万元，设备购置费 1233 万元，安装工程费 14 万元，价差 0 万元	1247
		500kV 配电装置一级降压引接1台82/48–48MVA分裂有载调压起动/备用变压器	
	4. 升压站		
	A. 500kV 屋外配电装置	其中：建筑工程费 928 万元，设备购置费 2005 万元，安装工程费 318 万元，价差 0 万元	3251
		3/2 接线，2 回进线，2 回出线，高压起动/备用变压器通过 500kV 断路器直接接至其中 1 条母线，共 7 个断路器	
	B. 500kV 屋内 GIS 配电装置	其中：建筑工程费 616 万元，设备购置费 4275 万元，安装工程费 114 万元，价差 0 万元	5005
		3/2 接线，2 回进线，2 回出线，2 个完整串，高压起动/备用变压器通过 500kV 断路器直接接至其中 1 条母线，共 7 个断路器	

续表

序号	模块名称	技术条件	造价合计（万元）
六	C. 750kV屋外配电装置	其中：建筑工程费 1044 万元，设备购置费 9744 万元，安装工程费 958 万元，价差 0 万元	11 746
		3/2 接线，2 回进线，2 回出线，750kV SF_6 柱式断路器 6 台，750kV 高压电抗器 3 台，中性点小电抗器 1 台	
	D. 1000kV GIS 配电装置	其中：建筑工程费 1898 万元，设备购置费 38 318 万元，安装工程费 8428 万元，价差 0 万元	48 644
		1 回出线，与 2 回主变压器进线组成三角形接线	
七	热工控制系统		
	生产期MIS		
	A. 小型机		850
		采用小型机双机热备+磁盘阵列	
		中心交换机能实现不同层交换路径负载均衡、具有多个千兆光纤端口、支持冗余配置、支持三层交换、满足 VLAN 划分要求等	

续表

序号	模块名称	技术条件	造价合计（万元）
七		系统软件满足小型机服务器对操作系统以及数据库的要求，具有网络管理、数据备份、防病毒等功能，系统安全性高	
		应用软件满足电厂日常信息管理要求，具有生产管理、经营管理、设备管理、燃料管理、办公管理等功能，并具有信息集成功能	
	B. 微机服务器双机		750
		主服务器具有中速响应、中速数据交换能力，保证信息系统不间断运行，采用微机双机热备+磁盘阵列	
		中心交换机支持三层交换、能实现不同层交换路径负载均衡、具有多个千兆光纤端口、支持冗余配置、满足 VLAN 划分要求等	
		系统软件满足微机服务器对操作系统以及数据库的要求，具有网络管理、数据备份、防病毒等功能，系统安全性高	

续表

序号	模块名称	技术条件	造价合计（万元）
七		应用软件满足电厂日常信息管理要求，具有生产管理、经营管理、设备管理、燃料管理、办公管理等功能，并具有信息集成功能	
	C. ERP方案		500
		主服务器具有中速响应、中速数据交换能力，保证信息系统不间断运行，采用微机双机热备+磁盘阵列	
		中心交换机支持三层交换、能实现不同层交换路径负载均衡、具有多个千兆光纤端口、支持冗余配置、满足VLAN划分要求等	
		系统软件满足微机服务器对操作系统以及数据库的要求，具有网络管理、数据备份、防病毒等功能，系统安全性高	
		主要管理功能由集团公司统一部署的ERP或EAM完成，电厂侧只配置ERP或EAM系统功能外的管理软件	

续表

序号	模块名称	技术条件	造价合计（万元）
八	附属生产工程		
	1. 暖通及启动锅炉		
	A. 集中采暖区	其中：建筑工程费 4387 万元，设备购置费 765 万元，安装工程费 1015 万元，价差 0 万元	6167
		有采暖系统，燃油，50t/h，1.27MPa，350℃，2 台	
	B. 非集中采暖区	其中：建筑工程费 3360 万元，设备购置费 408 万元，安装工程费 534 万元，价差 0 万元	4302
		无采暖系统，燃油，50t/h，1.27MPa，350℃，1 台	
	2. 氢气供应系统		
	A. 电解制氢	其中：建筑工程费 109 万元，设备购置费 524 万元，安装工程费 142 万元，价差 0 万元	775
		2×10Nm^3/h 电解制氢加干燥储存装置	
	B. 外购氢气供氢	其中：建筑工程费 94 万元，设备购置费 104 万元，安装工程费 30 万元，价差 0 万元	228

续表

序号	模块名称	技术条件	造价合计（万元）
八		总贮存量 1300～1500Nm^3，设置集装氢瓶及实验室检测仪表	
九	交通运输工程		
	A. 铁路运输（翻车机）	厂外铁路 12km，厂内铁路 4.5km	13 736
	B. 海运，3.5 万吨级（结构兼顾 5 万吨级）	码头平面，尺寸 274×32m^2，码头预应力管桩 D=1200mm，L=40～50m，透水栈桥，尺寸 1125×18.5m^2，引桥 600mm×600mm 预应力方桩（不含码头设备）	15 302
十	脱硫装置系统		
	1. 湿法脱硫主体		
	A. 湿法脱硫主体（不含 GGH）		19 382
		燃煤收到基含硫量 1.3%	
		燃煤低位发热量 20 000kJ/kg	
		脱硫效率 98.6%，吸收塔除尘效率 50%	
		喷淋吸收塔 2 座	
		事故浆液箱 1 座	

续表

<table>
<tr><th>序号</th><th>模块名称</th><th>技术条件</th><th>造价合计（万元）</th></tr>
<tr><td rowspan="5">十</td><td rowspan="5"></td><td>氧化风机 4 台</td><td rowspan="5"></td></tr>
<tr><td>循环泵 10 台</td></tr>
<tr><td>脱硫负荷由高压厂用工作母线引接，每台炉设低压脱硫变压器 2 台，互为备用，交流事故保安负荷由机组保安电源统一供给，设 1 组 110V 300Ah 直流蓄电池，单独设 1 套 20kVA 交流不停电电源（UPS）</td></tr>
<tr><td>主控制系统采用 2 套 FGD–DCS；脱硫闭路电视监视系统 1 套；火灾探测与报警系统 1 套；每台机组烟气连续监测装置（烟气进、出口）2 套；脱硫 pH 计、物位仪、电磁流量仪、浆液分析仪、电动/气动执行机构、变送器、测量元件等就地仪表 2 套</td></tr>
<tr><td>不含地基处理</td></tr>
<tr><td></td><td colspan="3">2. 石灰石制备系统</td></tr>
<tr><td rowspan="2"></td><td rowspan="2">A. 石灰石制浆（湿磨）</td><td></td><td>2858</td></tr>
<tr><td>粒径不大于 20mm 的石灰石块进厂</td><td></td></tr>
</table>

续表

序号	模块名称	技术条件	造价合计（万元）
十		脱硫岛内设湿磨制浆车间，直接制备石灰石浆液	
		湿式球磨机 20t/h，2 台	
		混凝土石灰石块仓，一座，3 天储量	
	B. 石灰石制浆（干磨）		3683
		粒径不大于 30mm 的石灰石块进厂	
		脱硫岛内设中速磨机，20t/h，2 台	
		混凝土制石灰石粉仓，1 座，3 天储量	
		混凝土石灰石块仓，2 座，3 天储量	
		另设 2 台低压变压器，互为备用	
	C. 石灰石粉制浆		749
		成品石灰石粉进厂	
		混凝土石灰石粉仓，厂内石灰石粉仓，1 座，3 天容量	

续表

<table>
<tr><th>序号</th><th>模块名称</th><th>技术条件</th><th>造价合计（万元）</th></tr>
<tr><td rowspan="13">十</td><td colspan="3">3. 石膏脱水系统</td></tr>
<tr><td rowspan="4">A. 皮带机脱水、石膏库房</td><td></td><td>1740</td></tr>
<tr><td>真空皮带脱水机 36t/h，2 台</td><td rowspan="3"></td></tr>
<tr><td>混凝土石膏库房，3 天容量</td></tr>
<tr><td>单点落料，行车整理</td></tr>
<tr><td rowspan="4">B. 皮带机脱水、石膏仓储放</td><td></td><td>2265</td></tr>
<tr><td>真空皮带脱水机 36t/h，2 台</td><td rowspan="3"></td></tr>
<tr><td>混凝土石膏仓，2 座，2 天容量</td></tr>
<tr><td>石膏仓卸料装置，84t/h，2 台</td></tr>
<tr><td>C. 无脱水，石膏浆液外送</td><td>石膏输送管线 3km 抛弃点高差起伏不大，不考虑抛弃泵后的抛弃输送管投资</td><td>676</td></tr>
<tr><td colspan="3">4. 脱硫废水处理系统</td></tr>
<tr><td>A. 不单独处理</td><td>送入电厂主体工程统一处理</td><td>0</td></tr>
<tr><td>B. 单独处理回用</td><td>无石灰、有机硫或硫化钠加药系统及脱水机等设施；废水处理目标主要去除悬浮物；处理后废水用于干灰调湿、灰场喷洒或煤场；处理水量 $30m^3/h$；含电气控制</td><td>709</td></tr>
</table>

续表

序号	模块名称	技术条件	造价合计（万元）
十	C. 单独处理排放	达到GB 8978—1996《污水综合排放标准》中的一级排放标准，处理水量30m³/h；含脱水装置及电气控制	1019
十一	脱硝系统		
	A. 液氨方案	造价范围说明：含设备、建筑、安装、其他费用、价差及基本预备费	14 000
		催化剂的层数按初装两层设计	
		液氨的储备系统及设备（含液氨卸载装置及储罐）	
		省煤器和SCR均不设烟气旁路	
	B. 尿素方案	造价范围说明：含设备、建筑、安装、其他费用、价差及基本预备费	15 244
		催化剂的层数按初装两层设计	
		尿素贮存、溶解、热解和输送系统及设备	

续表

序号	模块名称	技术条件	造价合计（万元）
		省煤器和 SCR 均不设烟气旁路	
十二	超低排放		
	A. 达标排放	烟尘、SO_2、NO_x 排放浓度分别按 20mg/Nm^3、50mg/Nm^3、100mg/Nm^3 控制	48 829
		除尘系统：五电场静电除尘器，效率≥99.84%，出口烟尘浓度≤40mg/Nm^3	
		脱硫效率 98.6%，吸收塔除尘效率 50%	
		脱硝效率≥70%	
	B. 超低排放	烟尘、SO_2、NO_x 排放浓度分别按 5（10）mg/Nm^3、35mg/Nm^3、50mg/Nm^3 控制	58 956
		除尘系统： 1. 低（低）温五电场静电除尘器，五个电场采用高频电源，除尘效率≥99.92%，出口烟尘浓度≤20mg/Nm^3 2. 湿式静电除尘器，双室一电场，除尘效率≥70%，出口烟尘浓度≤5mg/Nm^3	

续表

序号	模块名称	技术条件	造价合计（万元）
		脱硫效率 99%，吸收塔除尘效率≥75%	
		脱硝效率≥85%	

注 当采用干煤棚时，干煤棚容量为机组 3.5 天耗煤量，干煤棚的“跨度×长度＝102m×120m”，干煤棚造价约为 2230 万元，干煤棚工程量中包括基础和地面以上结构的工程量，不包括桩基处理工程量。

四、典型单位工程技术经济指标

工程名称	技术方案	主要工程量	2015参考造价（万元）
排烟冷却塔	排烟冷却塔采用钢筋混凝土双曲线自然通风冷却塔，由通风筒、人字柱、环型基础、水池、淋水架构、中央竖井（烟道支架）等组成。淋水面积 4500m²；喉部标高 90m；喉部直径 44.284m；塔顶标高 120m；塔顶直径 47.201m，进风口标高 7.8m，环板基础中心直径 85.704m。 玻璃钢烟道由两部分组成：塔内烟道和塔外烟道；玻璃钢烟道管体由内衬层、结构层及外表面层构成；烟道直径 5.2m，长度 216m；玻璃钢烟道制作材料主要包括：树脂、玻璃纤维及制品、促进剂、固化剂、调节剂等	基础 10 600m³，筒壁 9060m³，玻璃钢烟道 216m	8050

续表

工程名称	技术方案	主要工程量	2015参考造价（万元）
筒仓	筒仓内直径15m，高度28.9m。储煤量3000t。3座。 12m以下壁厚为400mm，12m以上为300mm；28.9～34.1m为设备间，基础埋深6m，基础底板厚2.5m。 筒仓内设备：电磁振动给煤机，环式给煤机	基础$3259m^3$，筒壁$2664m^3$	1671
	筒仓内直径16m，高度32.4m。储煤量3000t。3座。 10.4m以下壁厚为500mm，10.4m以上为400mm；30～38m为设备间基础埋深3.2m，基础底板厚2m。 筒仓内设备：电磁振动给煤机，环式给煤机	基础$1872m^3$，筒壁$3816m^3$	1476

续表

工程名称	技术方案	主要工程量	2015参考造价（万元）
筒仓	筒仓内直径18m，高度37m。储煤量 5000t。无设备间及控制室。2 座。 筒仓内设备：电磁振动给煤机，环式给煤机	基础 2055m^3，筒壁 2689m^3	1214
	筒仓内直径 30m，高度 50m。储煤量 20 000t。3 座。 筒仓底板底标高 –6.6m，厚 2.8m；上部外筒壁外直径 15m，顶标高 50m，壁厚 500mm，筒内设中心柱；铸石板内衬，锥斗顶部设钢锥冒；筒仓外设钢平台板及螺旋钢梯；含 99m 仓顶钢结构栈桥，栈桥尺寸 8.5m × 5.5m	基础 12 000m^3，筒壁 12 276m^3	6163

续表

工程名称	技术方案	主要工程量	2015参考造价（万元）
筒仓	筒仓内直径33m，高度47m。储煤量30000t。4座。 3.8m以下壁厚为600mm，3.8m以上为450mm；无设备间及控制室，基础埋深6.3m，基础底板厚2.7m。 筒仓内设备：电磁振动给煤机，环式给煤机	基础15 157m^3，筒壁18 919m^3	8455
	筒仓内直径36m，高度50m。储煤量30000t。3座。 筒仓底板底标高–6.6m，厚2.8m；上部外筒壁外直径17.38m，顶标高50m，壁厚600mm，筒内设中心柱；铸石板内衬，锥斗顶部设钢锥冒；筒仓顶板为钢梁浇制混凝土板，筒仓外设钢平台板及螺旋钢梯；含135m仓顶钢结构栈桥，栈桥尺寸12.5m×6m	基础14 523m^3，筒壁18 245m^3	8585

续表

工程名称	技术方案	主要工程量	2015参考造价（万元）
12 000m^2海水冷却塔	淋水面积12 000m^2；塔高165m;2座冷却塔。 塔内钢管计算至冷却塔池壁外1m。 海水冷却塔塔筒外壁防腐仅考虑：塔顶以下15m范围。 海水塔防腐施工工艺： 中央竖井顶标高以上（表干区）：喷砂处理—封闭清漆一道—腻子二道—玻璃鳞片一道—面漆二道。 中央竖井顶标高以下（表湿区）：喷砂处理—封闭清漆一道—腻子二道—玻璃鳞片二道—面漆二道。 淋水构件架梁、柱表面：喷砂处理—封闭清漆一道—腻子二道—玻璃鳞片二道—面漆二道。	基础27 245m^3，筒壁34 596m^3，防腐面积257 024m^2	24 403

续表

工程名称	技术方案	主要工程量	2015参考造价（万元）
12 000m² 海水冷却塔	中央竖井、配水槽、压力进水构:喷砂处理—封闭清漆一道—腻子二道—玻璃鳞片二道—面漆二道。 人字柱、人字柱支墩、水池侧壁、水池底板：喷砂处理—封闭清漆一道—腻子二道—玻璃鳞片二道—面漆二道。 塔筒外表面：喷砂处理—封闭清漆一道—丙烯酸面漆二道。 海水塔塔筒内外壁防腐采用吊篮施工。 海水塔塔内现浇部分防腐（竖井、配水槽、压力水沟、人字柱等）采用搭设脚手架施工。 海水塔淋水构架梁、柱吊装至专门场地进行防腐施工		

续表

工程名称	技术方案	主要工程量	2015参考造价（万元）
13 000m² 海水冷却塔	淋水面积13 000m²；塔高177m；2座冷却塔。塔内钢管计算至冷却塔池壁外1m。 海水冷却塔塔筒外壁防腐仅考虑：塔顶以下15m范围 海水塔防腐施工工艺：中央竖井顶标高以上（表干区）：喷砂处理—封闭清漆一道—腻子二道—玻璃鳞片一道—面漆二道。 中央竖井顶标高以下（表湿区）：喷砂处理—封闭清漆一道—腻子二道—玻璃鳞片二道—面漆二道。 淋水构件架梁、柱表面：喷砂处理—封闭清漆一道—腻子二道—玻璃鳞片二道—面漆二道。 中央竖井、配水槽、压力进水构：喷砂处理—封闭清漆一道—腻子二	基础29 085m³，筒壁36 472m³，防腐面积285 582m²	25 590

续表

工程名称	技术方案	主要工程量	2015参考造价（万元）
12 000m^{2}海水冷却塔	道—玻璃鳞片二道—面漆二道。 人字柱、人字柱支墩、水池侧壁、水池底板：喷砂处理—封闭清漆一道—腻子二道—玻璃鳞片二道—面漆二道。 塔筒外表面：喷砂处理—封闭清漆一道—丙烯酸面漆二道。 海水塔塔筒内外壁防腐采用吊篮施工。 海水塔塔内现浇部分防腐（竖井、配水槽、压力水沟、人字柱等）采用搭设脚手架施工。 海水塔淋水构架梁、柱吊装至专门场地进行防腐施工		
13 000m^{2}冷却塔	淋水面积13 000m^2；塔高177m；2座冷却塔。 塔内钢管计算至冷却塔池壁外1m	基础29 085m^3，筒壁36 472m^3	18 651

五、燃煤机组火电工程结算性造价指数（2014～2015年）

（一）编制说明

1. 火电工程结算性造价指数是为工程概算的静态控制、动态管理使用的，用以计算火电工程各年度四项费用及综合造价因物价上涨及政策性调整而引起各项费用变化的动态指数。

2. 主要编制依据

（1）主要设备价格以中国电能成套设备有限公司资料为基础，并参考实际工程招标情况作了个别修改。

（2）建筑、安装工程主要材料价格采用北京地区2015年价格，其中安装材料的实际价格以电力建设工程装置性材料价格资料为基础，并结合2015年实际工程招标价格作了综合测算。人工工资、定额材料机械调整执行电力工程造价与定额管理总站《关于发布2013版电力建设工程概预算定额水平调整的通知》（定额〔2015〕44号）。

（3）定额采用国家能源局2013年8月发布的《电力建设工程概算定额》（2013年版）。

（4）费用标准按照2013年8月由国家能源局发布的《火力发电工程建设预算编制与计算规定》（2013年版），其他政策文件依照惯例使用至2015年底止。

（5）指数计算时，技术条件及工程量均采用2014年水平。

（6）国产机组造价内已含少量必要的进口设备、材料费用，进口汇率按 1 美元＝6.50 元人民币，其相应的进口费用已计入设备材料费中，其中的关税按《中华人民共和国进出口关税条例》中的优惠税率计。

（7）指数测算中的价格只计算到静态投资，基本预备费率为 3%。

3. 编制范围

本指数测算内容中不包括下列内容：

（1）灰渣综合利用项目（指厂外项目）。

（2）厂外光纤通信工程。

（3）地方性的收费。

（4）项目融资工程的融资费用。

（5）价差预备费。

（6）建设期贷款利息。

（二）2014～2015 年结算性造价指数

序号	项目内容 单位	2014 年造价（元/kW）	2015 年造价（元/kW）	修正后 2015 年造价（元/kW）	2014～2015 指数（%）
一、2×350MW 新建					
1	建筑工程费用	1091	1004	1053	–3.48
2	设备购置费用	1653	1629	1631	–1.33
3	安装工程费用	744	717	716	–3.76
4	其他费用	561	526	538	–4.10
	合计	4049	3876	3938	–2.74

续表

序号	项目内容单位	2014 年造价（元/kW）	2015 年造价（元/kW）	修正后 2015 年造价（元/kW）	2014～2015 指数（%）
二、2×660MW 新建					
1	建筑工程费用	821	757	795	–3.28
2	设备购置费用	1533	1543	1543	0.63
3	安装工程费用	695	665	665	–4.37
4	其他费用	431	408	411	–4.65
	合计	3481	3373	3413	–1.95
三、2×1000MW 新建					
1	建筑工程费用	648	664	620	–4.32
2	设备购置费用	1440	1465	1458	1.25
3	安装工程费用	701	667	667	–4.85
4	其他费用	370	360	356	–3.78
	合计	3159	3156	3101	–1.84

注　修正后 2015 年造价指在 2015 年造价基础上，按 2015 年与 2014 年非价格因素变化进行调整后的造价。

六、燃气—蒸汽联合循环机组工程参考造价指标

（一）编制说明

1. 机组配置

（1）9F 级：纯凝机组为 2 台燃气轮机组+2 台余热锅炉+2 台蒸汽轮机组（一拖一）+2 台发电机组，供热机组为 2 台燃气轮机组+2 台余热锅炉+1 台蒸汽轮机组（二拖一）+1 台发电机组。纯凝机组和供热机组对应的整套机组 ISO 工况容量分别为 847.8MW 和 836.06MW。

（2）9E 级：2 台燃气轮发电机组+2 台余热锅炉+2 台蒸汽轮发电机组（一拖一），燃用天然气时单套机组 ISO 工况容量为 191MW。

2. 主要编制依据

（1）9F 级和 9E 级主要设备价格参考近期同类设备合同价。

（2）建筑、安装工程主要材料价格采用北京地区 2015 年价格，其中安装材料的实际价格以电力建设工程装置性材料价格资料为基础，并结合 2015 年实际工程招标价格作了综合测算。人工工资、定额材料机械调整执行电力工程造价与定额管理总站《关于发布 2013 版电力建设工程概预算定额水平调整的通知》（定额〔2015〕44 号）。

（3）定额采用国家能源局 2013 年 8 月发布的《电力建设

工程概算定额》(2013 年版),部分项目采用《北京市建筑工程概算定额》。

(4) 费用标准按照 2013 年 8 月由国家能源局发布的《火力发电工程建设预算编制与计算规定》(2013 年版),其他政策文件依照惯例使用至 2015 年底止。

(5) 抗震设防烈度按 7 度考虑。

3. 编制范围

本指标不包括的内容:

(1) 厂外光纤通信工程;

(2) 地方性收费;

(3) 项目融资工程的融资费用;

(4) 价差预备费;

(5) 建设期贷款利息。

(二) 燃气－蒸汽联合循环机组参考造价指标

机 组 容 量			2015 年造价(元/kW)
2×300MW 等级燃气机组(9F 级纯凝)	一拖一	新建	2481
		扩建	2407
2×300MW 等级燃气机组(9F 级供热)	二拖一	新建	2636
		扩建	2557
2×180MW 等级燃气机组(9E 级)	一拖一	新建	2963
		扩建	2874

（三）各类费用占指标的比例

机组容量	建筑工程费用（%）	设备购置费用（%）	安装工程费用（%）	其他费用（%）	合计（%）
2×300MW级燃气机组（9F级纯凝）	11.80	61.77	11.16	15.27	100
2×300MW级燃气机组（9F级供热）	12.99	60.12	11.73	15.16	100
2×180MW级燃气机组（9E级）	11.46	61.35	12.29	14.91	100

（四）燃气—蒸汽联合循环机组设备参考价格

序号	设备名称	规格型号	单位	2015年参考价（万元）
一、300MW等级燃气机组（9F）				
1	燃气轮机	M701F4型	台	34 600
2	燃气轮机	PG9371FA型	台	30 600
3	燃气轮机	SGT5–4000F	台	28 500
4	余热锅炉	卧式三压再热自然循环，主汽蒸汽量256t/h	台	7320
5	蒸汽轮机	三压、再热、双缸、向下排汽，额定功率300MW	台	11 000

续表

序号	设备名称	规 格 型 号	单位	2015年参考价（万元）
6	蒸汽轮机	三压、一次再热、抽凝、双缸型，下排汽。高压蒸汽346.2t/h、11.03MPa(a)/565℃	台	7740
7	发电机	THDF 108/53 型，424MW 水氢氢	台	7000
8	燃机发电机	额定功率 300MW	台	4740
9	蒸汽轮发电机	QFSN–300–2	台	4100
10	蒸汽轮发电机	额定功率 150MW，额定电压：13.8kV，空冷	台	2560
11	电动双梁桥式起重机	起重量 120/35t　跨度 41m	台	300
12	调压站	天然气流量：135 300Nm^3/h 进口设计压力：5.3MPa(g) 出口设计压力：3.65±0.15MPa（g）	台	1500
13	增压站	天然气流量：190 884Nm^3/h 进口设计压力：3.2MPa(g) 出口设计压力：2.9±1% MPa（g）	台	5000
14	主变压器	480MVA，220kV 三相无载调压	台	1350

续表

序号	设备名称	规　格　型　号	单位	2015年参考价（万元）
15	高压厂用变压器	25MVA/21kV	台	280
16	高压厂用变压器	16MVA/21kV	台	200
17	分散控制系统	配套M701F4型燃机	套/台机	950
18	分散控制系统	配套PG9371FA型燃机	套/台机	750
19	分散控制系统	配套SGT5–4000F型燃机	套/台机	850
二、180MW等级燃气机组（9E）				
20	燃气轮机	M701DA，燃料为天然气，国产设备	台	18 500
21	燃气轮机	PG9171E，燃料为天然气，国产设备	台	15 500
22	燃气轮机	SGT5–2000E，燃料为天然气，国产设备	台	19 000
23	燃气轮发电机	QF–165–2–15.75，150MW	台	2550
24	燃气轮发电机	QFR–135–2J	台	1950

续表

序号	设备名称	规格型号	单位	2015年参考价（万元）
25	燃气轮发电机	QF–180–2	台	3550
26	余热锅炉	NG–M701DA–R	台	4100
27	余热锅炉	Q1181.4/545.4–190.5	台	3100
28	蒸汽轮机	LCZ60–5.8/0.98/0.58	台	2500
29	蒸汽轮机	LZCC81–7.8/2.3/1.3/0.6	台	4100
30	汽轮发电机	QF–78–2–10.5，78MW	台	1150
31	汽轮发电机	QFJ–60–2	台	850
32	汽轮发电机	QF–100–2	台	1850
33	桥式起重机	75/20t	台	110
34	桥式起重机	50/20t	台	85
35	桥式起重机	50/10t	台	70
36	调压站	天然气流量：82 000Nm^3/h	台	800

续表

序号	设备名称	规格型号	单位	2015年参考价（万元）
37	循环水泵	Q=9000~12 500m³/h，H=28～23m	台	120
38	燃机主变压器	220kV，180MVA	台	580
39	燃机主变压器	220kV，160MVA	台	485
40	汽机主变压器	220kV，100MVA	台	410
41	汽机主变压器	220kV，80MVA	台	320
42	高压启动备用变压器	SFZ10–8000/220	台	175
43	高压厂用变压器	SF10–8000/13.8	台	50
44	分散控制系统	配套 M701DA 型燃机	套/台机	340
45	分散控制系统	配套 PG9171E 型燃机	套/台机	380

（五）燃气—蒸汽联合循环机组基本技术组合方案

1. 9F 级燃气蒸汽联合循环机组（SCC5–4000F）

序号	系统项目名称	新　　建
1	容量 300MW 级	一拖一，单轴，燃用天然气，2 套
2	主厂房区布置	每套机组单独布置，燃气轮机、发电机和汽轮机为单轴纵向顺序布置，主厂房钢结构，余热锅炉露天布置，主厂房跨度 29m，厂房长 53.3m，运转层标高 4.5m
3	燃气轮机	燃气轮机型号：SGT5–4000F（4）; 9F 型，燃用天然气，2 台。无旁路烟道。单套联合循环发电功率 423.9MW（ISO 工况），424.2MW（性能保证工况）
4	蒸汽轮机	汽轮机：型号：TCF1；三压、再热、双缸（高压缸和中低压缸）轴向排汽。主汽压力 12.473MPa、主汽/再热温度 560/549.7℃，主汽流量 268.86t/h
5	发电机	发电机型号：THDF108/53；水氢氢，铭牌出力：424.2MW/498MVA；静止励磁系统，从发电机端通过励磁变压器引接
6	余热锅炉	卧式、三压、再热、无补燃、自然循环、露天布置。配 1 座烟囱，高 60m，内径 7.6m

续表

序号	系统项目名称	新　　建
7	热力系统	高、中、低压三级给水系统。高中压合泵，高中压给水泵采用2台100%容量离心式调速给水泵，1运1备。2台100%容量凝结水泵,1运1备。2台100%容量闭式冷却水泵；2台100%容量闭式冷却器；1运1备。2台100%容量开式循环冷却水泵，1运1备。电动双梁桥式起重机370t/140t/16t/2t，1台。设高、中、低压三个100%旁路
8	空压机站	配4台空压机4×15m³/min
9	启动锅炉	启动锅炉1×20t/h
10	暖通系统	主厂房采用直接蒸发式空气处理机组
11	天然气处理系统	天然气处理系统范围：电厂围墙外1m天然气管道至厂区内天然气调压站至燃气轮机。天然气处理系统包括紧急隔断，过滤、调压，及计量功能。设调压站1座，调压站内的调压支路按单元制设置，每台机组1个单元设2路调压支路，1路工作线1路备用线
12	化学水处理	锅炉补给水系统采用全膜法处理工艺，系统净出力2×40t/h；给水、炉水加药及水汽取样系统包括在余热锅炉岛内；循环水加ClO_2，出力2×10kg有效氯/h；循环冷却水设加酸、加稳定剂系统；制氢系统1×10Nm³/h，并设干燥、贮存设施；工业废水处理系统按分散处理、集中排放考虑

续表

序号	系统项目名称	新　　建
13	供水方式	采用扩大单元制二次循环供水系统
14	冷却水塔	每台机配逆流式自然通风冷却塔 1 座，冷却塔淋水面积为 3000m^2
15	循环水系统	两台机共用 1 座循环水泵房，下部结构 29.14m×20.1m×9.0m（长×宽×深），上部结构 12.8m×37.38m×14.5m（长×宽×高），大开挖施工。泵房内安装 4 台循环水泵（立式斜流泵），水泵特性参数为：Q=3.3m^3/h，H=23m；电动机 N=1100kW，U=6000V。循环水压力钢管采用焊接钢管；2×DN2000mm，总长 L=2×700m
16	补给水系统	补给水为地表水，补给水量为 1200m^3/h，四台机合建一座补给水泵房。本期 3 台补给水泵，2 用 1 备，补给水泵参数：Q=600m^3/h，H=35m；电动机 N=95kW，U=380V。下部结构 15m×19.0m×8m（长×宽×深），上部结构 18m×9m×8m（长×宽×深），大开挖施工。地表水处理站采用斜管式沉淀池 2×800t/h +部分滤池方案
17	补给水管线	补给水管 1×DN600，管线长度 L=5km

续表

序号	系统项目名称	新　建
18	电气系统	主接线为220kV双母线，出线4回，采用220kV户内GIS，配电装置10个间隔（8个断路器间隔和2个P.T+L.A间隔）。主变压器是SFP–480000/220型（原则应与机组容量匹配），2台三相主变压器；发电机出口设断路器。每套联合循环机组设1台高压厂用变压器，接在相应机组发电机出口，容量选用20MVA 2～4套联合循环机组共设1台20MVA高压厂用/备用变压器。设置2套燃机变频起动装置。每套燃机机组设置1台1200kW柴油发电机组。每套燃机设1台80kVA不停电电源装置
19	系统二次	线路保护、母线保护按双重化配置。配置断路器保护。线路故障录波器1台。行波测距装置1套。保护及故障录波信息管理子站1套。安全稳定控制装置按双重化配置。远动与网控统一考虑。配置AGC/AVC测控柜1套。500kV出线侧、起动/备用变压器高压侧配置主/校、0.2s级关口表；机组出口侧配置单、0.5s级考核表；电表处理器1套，计费小主站1套。调度数据网接入设备1套。二次系统安全防护设备1套。功角测量装置1套。电厂竞价辅助决策系统1套。发电负荷考核系统1套。配置2套SDH 622Mbit/s光端机。载波通道4路。96门调度程控交换机1台。–48V高频开关电源2套，500Ah蓄电池2组。至调度端PCM2对。通信机房动力环境监视纳入电厂网控系统统一考虑

续表

序号	系统项目名称	新　建
20	控制系统	全厂设1套MIS和1套SIS（根据工程实际情况可设置厂级DCS系统）、1套工业闭路电视监视系统。每台机组设1套DCS。设辅助车间集中监控网络
21	交通运输工程	
(1)	公路	公路进厂，三级厂矿道路标准，厂外5km
22	土建及岩土工程	
(1)	厂址条件	厂区占地11hm^2，厂址位于非采暖区，基本地震烈度为7度。采用ϕ600钻孔灌注桩，桩长16m，桩数963根
(2)	厂区土石方工程及地基处理	土石方25万m^3
(3)	主厂房结构形式及体积	主厂房采用钢结构，主厂房体积140 377m^3
(4)	GIS楼	钢筋混凝土地下结构
(5)	水处理车间	钢筋混凝土框架

续表

序号	系统项目名称	新　　建
(6)	调压站	轻钢结构
(7)	材料库及检修间	$4000m^2$
(8)	生产附属及公共福利工程	办公楼 $2400m^2$，食堂 $500m^2$，浴室 $200m^2$，招待所 $600m^2$，夜班宿舍 $900m^2$，检修公寓 $1200m^2$

2. 9F级燃气蒸汽联合循环供热机组[西门子SGT5–4000F（4）]

序号	系统项目名称	新　　建
1	容量 300MW 级	二拖一，多轴，燃用天然气，1 套
2	主厂房区布置	燃气轮机采用低位布置、蒸汽轮机采用高位布置。燃机房和汽机房的钢结构各自独立。燃机房跨度为 36.98m，长为 80m，燃机房占地面积为 36.98m×80m。汽机房和热网站为一体建筑，跨度为 58m，其中汽机区域长度为 35m，热网站长度为 15.5m，总占地面积为 58m×50.5m。余热锅炉为立式锅炉，采用封闭结构
3	燃气轮机	燃气轮机型号：SGT5–4000F（4）；9F 型，燃用天然气，两台。简单循环功率 284.743–299.52MW；无旁路烟道。整套联合循环总出力，ISO 工况 836.057MW

续表

序号	系统项目名称	新　　建
4	蒸汽轮机	汽轮机：三压、再热、双缸、向下排汽、可背压可纯凝运行，高中压合缸、低压缸双分流、双缸双排汽、下排汽。主汽压力12.452MPa、主汽/再热温度545/540℃，主汽流量522.698t/h
5	发电机	发电机型号：QFSN–300–2；水氢氢，出力：300MW/353MVA（3台）。静止励磁系统，从发电机端通过励磁变压器引接
6	余热锅炉	立式、自然循环、三压、无补燃、全封闭布置。配2座烟囱，出口标高80m，内径6.5m
7	热力系统	高、中压两部分组成。高压给水泵采用2台100%容量液力耦合调速给水泵，中压给水泵采用2台100%容量变频调速给水泵；凝结水泵3台55%容量凝结水泵；闭式冷却水系统设2台65%容量的闭式水板式换热器和2台100%容量的闭式冷却水泵；循环水系统设置2台100%容量开式冷却水泵。170t/35/20t和80/20t行车各1台。每台余热炉设高、中、低压三个100%旁路，汽机配1台100%容量的中排旁路。热网系统
8	热网系统	本工程2台烟气水水换热器，额定换热量：52MW；2台热网疏水冷却器和4台热网加热器，额定换热量：175MW管式，并联布置。热网循环水泵采用一级泵升压的方式，两台机组共设置4台热网循环水泵，液力耦合器调速

续表

序号	系统项目名称	新　　建
9	空压机站	配 4 台喷油螺杆空压机 32.6m³/min
10	启动锅炉	启动锅炉 1×20t/h
11	暖通系统	主厂房和余热锅炉房采用热水采暖方式，厂区采暖单独设置加热站。厂区设置一个集中制冷加热站。主厂房和余热锅炉房夏季通风系统采用自然进风、机械排风的通风方式。发电机励磁小间和燃机励磁小间设空调降温设备，同时设置事故通风系统。集中控制室、电子设备间分别设置全空气式全年性集中空调系统
12	天然气处理系统	天然气处理系统范围：电厂围墙外 1m 天然气管道至厂区天然气增压机，将天然气压力提升到燃机需要的压力调压站至燃气轮机。天然气增压机 2 台，流量：80 000Nm³/h 进口压力：2.2MPa（a）出口压力：2.9MPa（a）转速：3000r/min 入口导叶调节范围：0～70%电动机功率：2000kW 电动机电压：6000V 密封气介质：氮气

续表

序号	系统项目名称	新　　建
13	化学水处理	锅炉补给水处理系统采用“全膜法”处理工艺，热网补充水拟与锅炉补给水处理系统统一考虑，采用一级RO出水经除碳后补入热网系统，水处理系统的容量UF系统按4×65t/h设计，一级RO系统按4×50t/h设计，二级RO及EDI分别按2×27t/h、2×25t/h设计；给水、炉水加药及水汽取样系统包括在余热锅炉岛内；循环冷却水采取加硫酸、稳定剂和杀生剂的联合处理方式；本工程外购氢气，厂内设供氢站存放周转氢瓶；工程不设工业废水集中处理站，仅设置容量约1000m^3的废水池2座，废水在废水储存池内进行曝气、氧化和pH值调节，然后送至城市污水处理厂
14	供水方式	本工程采用带有冷却塔的循环供水系统。一套联合循环机组配10格，17.5m×16m的机力通风冷却塔，单格冷却水量4500m^3/h，P=220kW　D=9750mm，设置4台循环水泵，冷却塔出水口设有平板滤网；每个流道设有平板液压钢闸门

续表

序号	系统项目名称	新　建
15	循环水系统	设置1座循环水泵房，设有控制室及配电间。水泵房的长度为31.8m，水泵间的宽度为15m，其地下部分深8.0m，地上部分高约15m，泵房占地面积为31.8×15m^2；泵房大门考虑进车要求，可将水泵或电机及部件外运检修。配电间尺寸9m×6m×3m，布置在循环水泵房北侧，控制室布置在配电间二层，高度按3m计。泵房内安装2台循环水泵及电机 Q=6.0m^3/s　H=26m　P=1600kW　V=6000v，2台冬季循环水泵及电机 Q=1.36m^3/s　H=26m　P=750kW　V=6000v。循环水压力钢管采用焊接钢管；2×DN2000mm，总长 L=2×500m
16	补给水系统	电厂生产补给水采用城市再生水，非采暖季总补给水量需1026m^3/h，水源采用污水处理厂供水，其分界线在电厂围墙中心线外1.0m处，其接口处的设计供水量为1130m^3/h，供水水压不小于0.1MPa。电厂直接从该接口处引水，经流量计量装置后，分别接入循环水泵房前池和生产给水蓄水池内
17	补给水管线	补给水管 1×DN600，管线长度300m；补给水管1×DN400，管线长度250m

续表

序号	系统项目名称	新　　建
18	电气系统	本工程三台机组，以发电机—变压器—线路组方式通过3回220kV电缆送出，发电机经主变压器升压至220kV GIS配电装置。主变压器为：3台三相，油浸，额定容量380MVA，242±2×2.5%/20kV。 发电机中性点经单相接地变压器(二次侧接电阻)接地。发电机与主变压器之间的连接采用全链式分相封闭母线，高压厂用变压器和励磁变压器由发电机与主变压器低压侧之间引接。 本工程燃机发电机出口装设断路器，汽机发电机出口不装设断路器。 厂内220kV配电装置不设母线，3台机组共计三个间隔。 机组的起动是由220kV系统，通过燃机回路的主变压器、高压厂用变压器倒送至厂用电系统。 两台高压厂用变压器相互备用，为：三相双绕组变压器，油浸，额定容量38MVA，20±8×1.25%/6.3kV。 每台燃机发电机组设置一套630kW/788kVA柴油发电机组。 全厂机组设置两套交流不间断电源（UPS），额定容量为80kVA

续表

序号	系统项目名称	新　　建
19	系统二次	线路保护、母线保护按双重化配置。配置断路器保护。线路故障录波器1台。行波测距装置1套。保护及故障录波信息管理子站1套。安全稳定控制装置按双重化配置。远动与网控统一考虑。配置AGC/AVC测控柜1套。220kV出线侧、起动/备用变压器高压侧配置主/校、0.2s级关口表；机组出口侧配置单、0.5s级考核表；电表处理器1套，计费小主站1套。调度数据网接入设备1套。二次系统安全防护设备1套。功角测量装置1套。电厂竞价辅助决策系统1套。发电负荷考核系统1套。配置2套SDH 622Mbit/s光端机。载波通道4路。96门调度程控交换机1台。-48V高频开关电源2套，500Ah蓄电池2组。至调度端PCM2对。通信机房动力环境监视纳入电厂网控系统统一考虑
20	控制系统	联合循环机组的控制系统将采用一套分散控制系统（DCS），全厂设1套MIS和1套SIS，设置1套工业闭路电视监视系统。每台燃气轮机发电机组配置一套TCS。设辅助车间集中监控网络
21	交通运输工程	

续表

序号	系统项目名称	新　建
(1)	公路	无
22	土建及岩土工程	
(1)	厂址条件	厂区占地 9.76hm^2，厂址位于采暖区，基本地震烈度为 8 度。燃机基础采用 ϕ600 钻孔灌注桩，桩长 11.5m，桩数 170 根
(2)	厂区土石方工程及地基处理	土石方 25 万 m^3
(3)	主厂房结构形式及体积	主厂房采用钢结构，主厂房体积 144 249m^3，集中控制楼 26 879m^3
(4)	GIS 楼	钢筋混凝土地下结构
(5)	水处理车间	钢筋混凝土框架
(6)	调压站	钢筋混凝土框架结构，体积，19 924m^3
(7)	材料库及检修间	4000m^2
(8)	生产附属及公共福利工程	办公楼 2400m^2，食堂 500m^2，浴室 200m^2，招待所 600m^2，夜班宿舍 900m^2，检修公寓 1200m^2

3. 9E 级燃气蒸汽联合循环机组

序号	系统项目名称	新　建	扩建
	容量180MW 级	一拖一多轴，2 套	
1	热力系统	高、低压二级给水系统。高压给水泵采用2台100%容量离心式定速给水泵，1 运 1 备。低压给水泵采用2台100%容量离心式定速给水泵，1 运 1 备。2 台 100%容量凝结水泵，1 运 1 备。2 台 100%容量闭式冷却水泵，1 运 1 备；2 台 100%容量闭式冷却器，1 运 1 备。2 台 100%容量闭式循环冷却水泵，1 运 1 备。设高、低压两个 100%旁路	同左
2	燃气轮机	PG9171E 型，燃用天然气，2 台。配有旁路烟道等辅助设施。基本进口。单套联合循环总出力，ISO 工况 191MW（燃天然气）	
3	余热锅炉	卧式、自然循环、双压、高压190.3t/h、低压 36.1t/h、露天、无补燃、2 台。每炉 1 台除氧器及 4 台给水泵。每炉配高、低压炉水循环泵各 1 台，并配 1 座炉顶烟囱，高 60m	

续表

序号	系统项目名称	新　建	
4	蒸汽轮机	QFW–60–2 高压、单缸、双压、无再热、下排汽、单轴抽汽凝汽式，2 台，功率 60MW	
5	燃机发电机	额定功率因数 0.8，额定电压 15kV，冷却方式：空冷，短路比 0.52，旋转硅整流无刷励磁。2 台，额定功率 131MW	
6	汽轮发电机	额定功率 60MW，额定功率因数 0.8，额定电压 10.5kV，冷却方式：空冷，2 台	
7	主厂房区布置	余热锅炉露天布置，除氧器及高低压给水泵等布置在余热锅炉框架内；燃气轮发电机组、蒸汽轮发电机组、控制室等屋内布置，全厂公用	
8	暖通系统	主厂房屋顶风机排风，集控室 4 台恒温恒湿柜式空调器	同左
9	空压站与启动锅炉	配 4 台 15m^3/min 仪用、厂用空压机。无启动锅炉	
10	天然气处理系统	天然气处理系统范围：电厂围墙外 1m 天然气管道至厂区内天然气调压站至燃气轮机。天然气处理系统包括紧急隔断，过滤、调压，及计量功能。设调压站 1 座，调压站内的调压支路按单元制设置，每台机组 1 个单元设 2 路调压支路，1 路工作线 1 路备用线	同左

续表

序号	系统项目名称	新建	
11	水处理系统	锅炉补给水处理系统采用超滤加二级反渗透加 EDI，出力 4×75t/h；凝结水精处理系统；循环水稳定杀生处理；化验室；给水、炉水加药系统；汽水取样系统，工业废水集中处理系统	
12	供水系统方式	二次循环供水系统，母管制	同左
13	循环水管	循环水管 D1620×10，总长度 640m，钢管	同左
14	冷却塔	机械通风冷却塔 6 格，每格冷却水量 4700t/h，风机直径 9.75m	同左
15	循环水泵房	循环水泵 4 台，集中循环水泵房 1 座，循环水泵房房及进水间（地下）18m×19.5m×7.8m（长×宽×深），大开挖施工	同左
16	补给水系统	补给水泵 3 台，Q=350m^3/h，H=40m。补给水泵房 1 座。补给水量 700t/h，土建按 4 套建，大开挖施工。补给水管单根，总长 5km，DN500，钢管	增加 1 台补给水泵
17	预处理	采用地表水，采用斜管沉淀+滤池工艺（部分），2×450t/h	同左

续表

序号	系统项目名称	新建	
18	电气系统	电气主接线为 220kV 双母线，出线 2 回，采用 GIS，9 个间隔（7 个断路器间隔和 2 个 P.T+L.A 间隔）。燃机发电机与主变压器之间装设断路器，汽轮发电机与主变压器之间不装设断路器。燃机发电机主变压器 SFP10–180000/220 型，180MVA，2 台；汽轮发电机主变压器 SFP10–80000/220 型，80MVA，2 台。每套联合循环机组的高压厂用变压器接在相应机组的汽轮发电机出口，容量选用 SZ10–10000/10，10MVA。2 套机组的 2 台高压厂用工作变压器互为备用，不设置高压备用变压器	同左
19	系统二次	线路保护、母线保护按双重化配置。配置断路器保护。线路故障录波器 1 台。行波测距装置 1 套。保护及故障录波信息管理子站 1 套。安全稳定控制装置按双重化配置。远动与网控统一考虑。配置 AGC/AVC 测控柜 1 套。220kV 出线侧、起动/备用变压器高压侧配置主/校、0.2s 级关口表；机组出口侧配置单、0.5s 级考核表；电表处理器 1 套，计费小主站 1 套。调度数据网接入设备 1 套。二次系统安全防护设备 1 套。功角测量装置 1 套。电厂竞价辅助决策系统 1 套。发电负荷考核系统 1 套。配置 2 套 SDH 622Mbit/s 光端机。载波通道 2 路。96 门调度程控交换机 1 台。–48V 高频开关电源 2 套，500Ah 蓄电池 2 组。至调度端 PCM2 对。通信机房动力环境监视纳入电厂网控系统统一考虑	同左，已有系统按扩容考虑

续表

序号	系统项目名称	新　建	扩建
20	控制系统	全厂设1套MIS、1套工业闭路电视监视系统。每台机组设1套DCS，每台燃气轮机随机供1套控制系统MarK–VI（进口），每台蒸汽轮机随机供1套专用的控制系统。设辅助车间集中监控网络	MIS、辅助车间网进行扩容，控制系统同左
21	交通运输工程		
（1）	公路	公路进厂，三级厂矿道路标准，厂外5km	
22	土建及岩土工程		
（1）	厂址条件	厂区占地9hm^2，厂址位于非采暖区，基本地震烈度为7度，采用PHC桩、长25m、ϕ400×80；辅助建筑及油罐区位于填方区，需进行必要的地基处理	
（2）	地基处理	采用ϕ400×80的PHC桩，桩长23～26m，桩数1096根	同左
（3）	厂区土石方工程	土石方20万m^3	
（4）	主厂房结构形式及体积	主厂房钢筋混凝土框架结构，主厂房体积53 556m^3	

续表

序号	系统项目名称	新　　建	扩建
(5)	水处理车间	钢筋混凝土框架	
(6)	材料库及检修间	2500m^2	
(7)	综合办公楼	1500m^2	

七、参 考 电 价

（一）限额设计参考电价计算条件

（1）假设电厂建设工程在 2016 年 1 月 1 日开工。

（2）各类型机组的年度静态投资比例如下表；资本金投入比例同静态投资比例。

燃煤机组静态投资各年度比例　　单位：%

机　组	第 1 年	第 2 年	第 3 年	合计
2×350MW 新建	60	40	0	100
2×350MW 扩建	60	40	0	100
2×660MW 新建	40	50	10	100
2×660MW 扩建	60	40	0	100
2×1000MW 新建	30	40	30	100
2×1000MW 扩建	40	50	10	100

燃机静态投资各年度比例　　单位：%

机组容量	第 1 年	第 2 年	合计
300MW 级（一拖一）	55	45	100
300MW 级（二拖一）	55	45	100
180MW 级（一拖一）	60	40	100

（3）参考电价中各类型机组均进行单机结算，比例如下表。

单 机 结 算 比 例　　单位：%

容　量	性质	1 号	2 号	合计
2×350MW	新建	65	35	100
2×350MW	扩建	60	40	100

续表

容　　量	性质	1号	2号	合计
2×660MW	新建	60	40	100
2×660MW	扩建	58	42	100
2×1000MW	新建	60	40	100
2×1000MW	扩建	58	42	100
300MW级（一拖一）	新建	65	35	100
300MW级（二拖一）	新建	65	35	100
180MW级（一拖一）	新建	70	30	100

（4）各类型机组的建设工期根据《火力发电工程施工组织大纲设计导则》（报批稿）中的Ⅱ类地区确定，详见下表。测算时电厂每台机组从其投产年开始共运行20年。

燃煤机组建设工期　　单位：月

容　　量	性质	1号	2号
2×350MW	新建	22	24
2×350MW	扩建	20	22
2×660MW	新建	24	26
2×660MW	扩建	22	24
2×1000MW	新建	26	29
2×1000MW	扩建	24	27

燃机建设工期　　单位：月

机组容量	性质	1号燃机	2号燃机
300MW级（一拖一）	新建	20	23
300MW级（二拖一）	新建	20	23
180MW级（一拖一）	新建	14	17

（5）资本金占动态投资的20%。

（6）长期贷款利率 4.90%，短期贷款利率和流动资金贷款利率 4.35%。

（7）贷款年限（包括建设期）2×350MW 取 15 年；2×660MW、2×1000MW 取 18 年；300MW 和 180MW 级燃机取 10 年。

（8）固定资产形成率 95%，残值率 5%，折旧年限 15 年，摊销年限 5 年。

（9）350MW 燃煤机组按供热机组考虑，2 台机组年发电量 3500GWh，年供热量 500 万 GJ；660MW 和 1000MW 燃煤机组按纯凝机组考虑，年利用小时 5000h；投产年的利用小时按发电月数占全年月数比例计算。燃机（纯凝）年利用小时按 3500 小时计算；燃机（供热）2 台机组年发电量 2926GWh，年供热量 614 万 GJ。

（10）保险费率 0.25%；燃煤机组大修理费率 2%，燃机大修理费率 3.5%。

（11）350MW 供热机组发电标煤耗取 268g/kWh、供热标煤耗 39kg/GJ，660MW 机组（超超临界）取 293g/kWh，1000MW（超超临界）机组取 290g/kWh；燃机 300MW 级（纯凝）发电气耗取 212Nm^3/MWh，燃机 300MW 级（供热）发电气耗取 196Nm^3/MWh、供热气耗取 30.60Nm^3/GJ，180MW 级（纯凝）气耗取 244Nm^3/MWh（按陕京天然气，低位发热量为 32 720kJ/Nm^3）。

（12）含税标煤价为 480 元/t；燃机含税气价 2.51 元/Nm^3。燃煤供热机组含税热价 35 元/GJ；燃机供热含税热价 60 元/GJ。

（13）职工人数 2×350MW 机组取 234 人，2×660MW 机组取 247 人，2×1000MW 机组取 300 人。燃机职工人数取 100 人。

（14）职工工资取 5 万元/人·年，福利劳保系数取 60%。

（15）水价按含税 0.5 元/t 计取。

（16）材料费 350MW 机组取 6 元/MWh，660MW 机组取 5 元/MWh，1000MW 机组取 4 元/MWh；燃机 180MW 级取 15 元/MWh，300MW 级取 8 元/MWh。

（17）其他费用 350MW 机组取 12 元/MWh，660MW 机组取 10 元/MWh，1000MW 机组取 8 元/MWh。燃机 300MW 级取 12 元/MWh，180MW 级取 18 元/MWh。

（18）350MW 供热燃煤机组发电厂用电率取 5.2%，供热厂用电取 11.26kWh/GJ；660MW（超临界）取 5.2%，1000MW 取 4.5%。另外，脱硫厂用电率 350MW 机组取 1.5%，660MW 机组取 1.1%，1000MW 取 0.7%。300MW 级燃机（供热）发电厂用电率取 2.8%，供热厂用电 13.59kWh/GJ；300MW 级燃机（纯凝）厂用电率取 2.0%，180MW 级燃机厂用电率取 2.5%。

（19）350MW 机组和 660MW 机组燃煤含硫量按 2%，1000MW 机组燃煤含硫量按 0.9%。脱硫成本按耗用石灰石考虑，2×350MW 机组 8t/h，2×660MW 机组 16t/h，2×1000MW 机组 8t/h，石灰石含税价格 100 元/t。

（20）脱硝剂液氨的单价按含税 4000 元/t 计取。

（21）排污费用按燃烧烟煤考虑，按第 3 时段最高允许排放浓度计算。在年利用 5000h 时，350MW 超临界机组 SO_2 286 万元/台炉·年，NO_x 324 万元/台炉·年，烟尘 16 万元/台炉·年；660MW 超超临界机组 SO_2 520 万元/台炉·年，NO_x 586 万元/台炉·年，烟尘 30 万元/台炉·年；1000MW 机组 SO_2 720 万元/台炉·年，NO_x 820 万元/台炉·年，烟尘 48 万元/台炉·年。

（22）现金、应付账款等周转次数取 12 次/年。

（23）铺底流动资金占总流动资金的 30%。

（24）公积金取 10%，不计提公益金。

（25）所得税率取 25%。

（26）投资各方的内部收益率取 8%。

（27）燃气蒸汽联合循环机组未考虑运行期的购网电费。

（28）根据《中华人民共和国增值税暂行条例》（国务院令第 538 号），电价测算考虑建设期间可抵扣增值税，范围包括安装设备、四大管道。

（二）限额设计参考电价

根据上述边界条件测算的电价结果如下。

限额设计控制指标参考

机组等级	机组台数	建设性质	机组容量	静态投资	单位静态投资	动态投资	单位动态投资	动静比例
单位	(台)		（MW）	(万元)	(元/kW)	(万元)	(元/kW)	
350MW供热超临界	2	新建	700	271279	3875	283081	4044	1.04
	2	扩建	700	229688	3281	238459	3407	1.04
660MW纯凝超超临界	2	新建	1320	445269	3373	463027	3508	1.04
	2	扩建	1320	384445	2912	401334	3040	1.04
1000MW纯凝超超临界	2	新建	2000	631143	3156	655265	3276	1.04
	2	扩建	2000	580773	2904	604799	3024	1.04

电价一览表（燃煤机组）

基本方案电价	敏感性分析								
	投资		投资各方FIRR	运行小时(h)		煤价(元/t)			
	10%	-10%	10%	4000	5000	300	400	600	800
(元/MWh)	含税电价(元/MWh)								
284.39	299.57	270.4	295.32	300.18	271.78	220.12	255.85	327.32	398.83
262.19	274.79	250.6	271.03	275.18	251.81	197.92	233.65	305.12	376.62
299.91	312.94	287.88	309.16	315.94	287.06	243.25	274.75	337.76	400.77
286.35	297.72	275.74	294.29	300.69	274.85	229.66	261.18	324.21	387.25
281.73	293.71	270.68	290.15	296.41	269.96	226.29	257.11	318.76	380.40
273.35	284.41	263.12	281.26	287	262.41	217.92	248.74	310.38	372.02

机组等级	机组台数	建设性质	机组容量	静态投资	单位静态投资	动态投资	单位动态投资	动静比例
单位	(台)		(MW)	(万元)	(元/kW)	(万元)	(元/kW)	
300MW 等级燃气机组（9F 级纯凝）	一拖一	新建	848.4	210 328	2481	218 112	2573	1.04
300MW 等级燃气机组（9F 级供热）	二拖一	新建	836.06	223 448	2673	231 717	2772	1.04
180MW 等级燃气机组（9E 级纯凝）	一拖一	新建	366	113 174	3070	115 712	3139	1.02

电价一览表（燃机）

基本方案电价	敏感性分析						
	投资		投资各方FIRR	利用小时(h)		气价(元/Nm^3)	
	10%	–10%	10%	2500	5000	2	3
(元/MWh)	含税电价(元/MWh)						
712.13	724.79	700.20	723.14	760.09	676.16	596.74	822.98
744.47	758.65	731.1	756.91	824.13	685.97	597.46	885.70
843.48	858.89	829.27	855.70	902.5	799.21	710.23	971.48

（三）参考电价构成

1. 参考电价构成一览表

机组内容	机组台数	机组性质	总容量	电价构成（%）					
单位	台		MW	燃料费	折旧	财务费用	净利润	所得税	其他
350MW 国产供热燃煤机组	2	新建	700	47.72	14.10	4.92	9.01	3.00	21.24
	2	扩建	700	51.76	12.67	4.56	8.09	2.69	20.23
660MW 国产超超临界燃煤机组	2	新建	1320	50.00	13.69	5.66	9.05	3.02	18.58
	2	扩建	1320	51.66	12.89	5.47	8.09	2.70	19.20
1000MW 国产超临界燃煤机组	2	新建	2000	52.07	13.57	5.52	8.79	2.93	17.11
	2	扩建	2000	53.67	12.74	5.30	8.48	2.83	16.98
300MW 等级燃气机组（9F 级纯凝）	一拖一	新建	848.4	78.83	5.28	1.65	4.30	1.41	8.53
300MW 等级燃气机组（9F 级供热）	二拖一	新建	836.06	70.36	4.54	1.43	3.93	1.29	18.45
180MW 等级燃气机组（9E 级纯凝）	一拖一	新建	366	76.99	5.33	1.81	4.18	1.32	10.37

2. 参考电价构成示意图

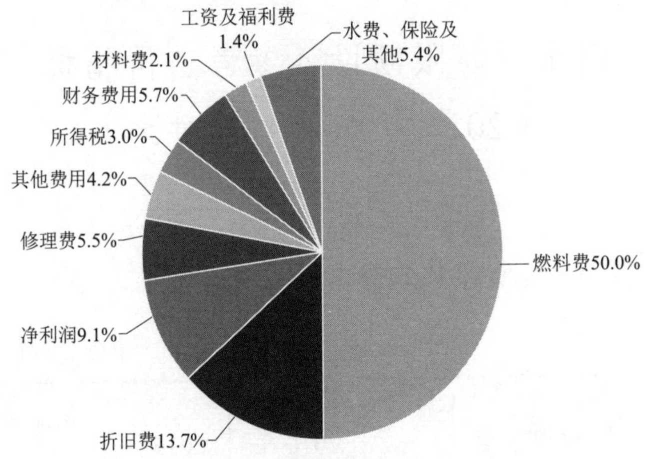

常规火电燃煤机组电价构成示意图

注：不含增值税。利用小时 4500h，贷款利率 4.90%。按 2×660MW 超超临界新建机组测算。

附录　与限额设计参考造价指标（2014年水平）的对比

（一）350MW机组参考造价指标对比

单位：元/kW

机组容量			2014年	2015年	年度造价变化
350MW超临界供热	两台机组	新建	4049	3875	–4.30%
		扩建	3455	3281	–5.04%

（二）660MW机组参考造价指标对比

单位：元/kW

机组容量			2014年	2015年	年度造价变化
660MW超超临界	两台机组	新建	3481	3373	–3.10%
		扩建	3001	2912	–2.97%

（三）1000MW 机组参考造价指标对比

单位：元/kW

机组容量			2014 年	2015 年	年度造价变化
1000MW 超超临界	两台机组	新建	3159	3156	–0.09%
		扩建	2907	2904	–0.10%

（四）2014～2015 年部分结算性参考造价指数

机组类型	建筑工程费	设备购置费	装置性材料	安装工程费	其他费用	基本预备费	静态投资
350MW	–3.72%	–1.33%	–7.95%	–0.33%	–4.89%	–3.17%	–2.82%
660MW	–3.48%	0.63%	–8.73%	–0.29%	–5.50%	–2.31%	–1.95%
1000MW	–4.03%	1.29%	–8.93%	–0.32%	–6.00%	0.31%	–1.79%

编 审 人 员

审核人员　谢秋野　孙　锐　刘　钢　陈　峥
　　　　　刘东星　朱　军　毛永龙　詹　扬

主要编制人员

电力规划设计总院

张　健　姜士宏　杨庆学　冉　巍
刘　庆　张　力　陈　燕　王　睿
郭海峰　孔　亮　易　超　任德刚
王宏斌　唐　飞　葛四敏　王予英
陈　实　赵春莲　李武全　魏　桓
邓南文

东北电力设计院

左　军　任　军　孙　英　方　琪
郭凤昌　杜世星　邓　骁　单世娇

华东电力设计院

丁　珞　周一亮　程　元　楼成华
褚　青　钟佳玉　朱震毅　陆　健

中南电力设计院

李东星　祝玉章　陈　东　李国银

汤　雷　余　涛

西北电力设计院

陈建萍　高福东　黄　滢　赵平路

郑东伟　钟文瑾　陈丽明　赵　新

西南电力设计院

曾莉平　黄晓莉　郑世伟　冯　黎

王　斌　赵保华

华北电力设计院

李　雅　朱　宁　闫可歆　贾　蓉

刘新荣　苏亚亭　刘快军　孙程辉